BRASA
LIVROS QUE CONSTROEM

FICHA CATALOGRÁFICA

(Preparada pelo Centro de Catalogação-na-Fonte,
CÂMARA BRASILEIRA DO LIVRO, SP)

Neill, Alexander Sutherland, 1883-1973.
N332L Liberdade sem excesso [por] A. S. Neill;
8.ed. tradução de Nair Lacerda. 8. ed. São Paulo,
IBRASA, 1976.
p. (Biblioteca psicologia e educação, 14)

1. Educação de crianças 2. Pais e filhos I. Título.

CDD-649.1
76-0880 -301.427

Índices para catálogo sistemático:

1. Crianças : Educação doméstica 649.1
2. Educação de crianças : Educação doméstica 649.1
3. Filhos e pais : Relações : Sociologia 301.427
4. Pais e filhos : Relações : Sociologia 301.427
5. Relações entre pais e filhos : Sociologia 301.427

LIBERDADE SEM EXCESSO

Biblioteca

PSICOLOGIA E EDUCAÇÃO

— 14 —

Do mesmo autor:

LIBERDADE SEM MEDO

LIBERDADE NO LAR

LIBERDADE NA ESCOLA

LIBERDADE, ESCOLA, AMOR E JUVENTUDE

MINHA LUTA PELA LIBERDADE NO ENSINO

DIÁRIO DE UM MESTRE-ESCOLA

A. S. NEILL

LIBERDADE SEM EXCESSO

Tradução de
NAIR LACERDA

11a. Edição

IBRASA
INSTITUIÇÃO BRASILEIRA DE DIFUSÃO CULTURAL LTDA.
SÃO PAULO

Título do original norte-americano:

Freedom – Not Licensel

Capa de
ALBERTO NACER

Direitos desta edição reservados à

IBRASA
INSTITUIÇÃO BRASILEIRA DE DIFUSÃO CULTURAL LTDA.

Rua 13 de Maio, 446 - Tel.: 3284-8382

01327-000 - Bela Vista - São Paulo - SP

Publicado em 2009

Impresso no Brasil

Printed in Brazil

Êle traçou um círculo que me fechou para fora
Herético, rebelde, uma coisa a flutuar.
Mas Amor e Eu tivemos inteligência para vencer:
Traçamos um círculo que o levou para dentro!

EDWIN MARKHAM

ÍNDICE

Qual o Assunto Dêste Livro

COMO É POSSÍVEL DISTINGUIR ENTRE LIBERDADE E LICENÇA?

Meu editor nos Estados Unidos da América do Norte implora-me que escreva todo um livro explicando êsses têrmos. E diz: – Você deve fazê-lo, porque muitos pais americanos leram SUMMERHILL e sentem-se culpados pela forma restrita com que trataram os filhos; então, passam a dizer a êsses filhos que, dali por diante, êles estão livres. O resultado, habitualmente, é um garôto mimado, porque bem escassa é a noção que os pais têm do que seja liberdade. Não compreendem que a liberdade é dar e tomar – *liberdade para os pais,* tanto quanto liberdade para o filho. Tal como eu entendo, liberdade não significa que a criança pode fazer tudo quanto deseje, nem ter tudo quanto queira.

Sim, isso, simplesmente exposto, é o ponto crucial do problema. Se ultrapassa os limites, a liberdade transforma-se em licença.

Eu defino licença como o ato de interferir com a liberdade de outrem. Por exemplo, em minha escola uma criança tem a liberdade de assistir ou não às aulas, porque isso é assunto seu, mas não tem liberdade para tocar corneta quando outros querem estudar ou dormir.

Quando estive na América tive oportunidades de visitar professôres ou médicos. Quando eu chegava, a espôsa e os filhos às vêzes estavam na sala de visitas. As crianças permaneciam e monopolizavam a conversação.

Quando um visitante americano veio ver-me em Summerhill, hoje, havia três crianças em minha sala.

– Vamos, garotos – disse-lhes eu – dêem o fora que eu preciso conversar com meu visitante.

E lá se foram êles, sem um murmúrio.

Naturalmente, êsse princípio funcionaria também em sentido contrário. Muitas vêzes meus alunos me mandaram sair da sala quando desejavam estar a sós, quando ensaiavam uma peça, por exemplo.

Tôda criança é egoísta: "Primeiro Eu!" Os pais devem considerar e aceitar êsse estágio por aquilo que é. Ao mesmo tempo, devem recusar ao filho licença para fazer tudo quanto deseja.

Resposta apropriada é: *"Sim, Bobby, você pode usar as ferramentas do meu carro para consertar sua bicicleta, mas precisa guardar tôdas de nôvo na mala do carro, quando tiver terminado de usá-las"*. Tal resposta pode parecer disciplina, para vocês — e talvez seja disciplina — mas para mim é apenas o dar e tomar da vida.

Como podem as crianças aprender autocontrôle se jamais sofrem restrições no que desejam fazer? Eis uma pergunta que me fazem com freqüência.

Mas quem jamais defendeu a idéia de deixar uma criança fazer tudo quanto deseja? Não fui eu, certamente. O filho pode decidir que não deseja fazer tal coisa. Por exemplo, estudar Latim. Mas não tem liberdade para resolver brincar de soldado e ladrão do automóvel do pai.

Qual a definição verdadeira de autocontrôle? Apenas boas maneiras, tais como controlar as xinganças quando se está jogando gôlfe com um pastor batista? Não. Em minha opinião, autocontrôle *significa a capacidade de pensar nas demais pessoas*, respeitar-lhes os direitos.

Não há homem autocontrolado que se ponha à mesa com outras pessoas e se sirva de metade da salada que haja na saladeira. Segundo a anedota, Frank Harris certa vez gabava-se de ter jantado nas melhores casas de Londres.

— Sim, Frank — disse Oscar Wilde — uma vez!

Em meu livro Liberdade sem Mêdo (SUMMERHILL) fiz sentir que "há uma distinção entre liberdade e licenciosidade, distinção que muitos pais não podem apanhar. No lar disciplinado, as crianças *não têm* direitos. Nos lares dos mimalhos, têm todos os direitos. No lar apropriado, adultos e crianças têm direitos iguais.

Desde a publicação de SUMMERHILL, em 1960, venho recebendo centenas de cartas de tôdas as partes do mundo, tanto de pais como de filhos. A maioria dessas cartas veio dos Estados

Unidos. E, em grande parte, as perguntas voltavam-se para os fundamentos da liberdade no lar. Êste livro apresenta trechos de algumas dessas cartas e a parte mais destacada das minhas respostas.

O leitor descobrirá que nada do que digo agora é realmente nôvo. Os princípios sôbre os quais a Escola Summerhill se baseia, os fundamentos dos meus métodos no trato de crianças, já foram por mim amplamente expostos no livro Liberdade sem Mêdo (SUMMERHILL): *Radical Transformação na Teoria e na Prática da Educação*. O que se encontrará aqui é extensão daquela filosofia — a aplicação dos princípios de Summerhill a situações específicas que, constantemente, surgem em lares americanos.

Liberdade, Sim! Licenciosidade, Não!

Sou mãe novata e meu marido e eu gostaríamos de criar nosso filho numa atmosfera de liberdade. Ao discutirmos êsse assunto, entretanto, não nos sentimos muito seguros quanto ao ponto em que termina a liberdade e começa o mimo. Nem mesmo sabemos quando intervir no que se refere à segurança. Por exemplo, devemos estabelecer normas quanto à limpeza e ao respeito pela propriedade?

SEGURANÇA É ELEMENTO ESSENCIAL. A SENHORA TEM DE PROTEger seu filho. Deve evitar que êle brinque em ruas movimentadas ou salte em águas profundas. O senso comum é tudo quanto se necessita, em tais assuntos.

Entretanto, não é fácil responder à pergunta quando a segurança não é um fator. Veja a limpeza. Qualquer mãe sabe que as fraldas devem ser lavadas, as crianças devem tomar banho, boa alimentação deve ser fornecida. Mas não se deve fazer da limpeza um ídolo, caso contrário será causa de complexo. Exageramos demais a importância da limpeza. Quando eu era menino conheci três lavradores que, estou certo, jamais em sua vida tomaram um banho. Todos viveram mais de 90 anos. Há um sem-número de crianças lavadas demais (para que os vizinhos não vejam um rosto sujo).

A verdade, porém, é que quase tôdas as crianças gostam de um banho quente. Tenho observado que apenas a criança que levaram a tornar-se rebelde é que se esquiva a tomar banho.

Quanto pode uma jovem mãe fazer no que se refere à exigência de respeito pela propriedade? Cada criança deve aprender as leis do "meu e teu". Se uma criança fôr educada apropriadamente, pouca dificuldade haverá nesse setor. Eu posso dizer a uma criança de cinco anos:

— Vamos, saia do meu carro. Êle é meu.

Com isso não recebo qualquer reação hostil. Mesmo o aluno mais nôvo sabe que não pode entrar no meu jardim e levar dali um carrinho-de-mão ou um ancinho. As crianças aceitam depressa, tais regras, isto é, se ao tocar ou levar coisas não se tornam motivo de censura ou cólera.

Não é possível estabelecer leis sôbre liberdade e licenciosidade. A fronteira entre ambas as coisas deve ser julgada pelos pais, individualmente. Muitas vêzes temos de dizer "não" a uma criança pequena, embora muito acreditemos em liberdade. Casas são feitas para adultos, e, no processo de se adaptar a um lar, a criança tem milhares de dificuldades. *"Não mexa nesse vaso!" "Pare de puxar o rabo do gato!" "Não arranhe o piano de cauda com êsse prego!"* Para uma criança de três anos, um piano, com sua superfície envernizada, é uma linda lousa para usar o giz, ou uma bela parede onde se podem enterrar pregos, e nada mais. A dificuldade está em como preservar o que valorizamos em têrmos de bens, e ao mesmo tempo deixar que a criança se desenvolva à sua própria maneira e a seu próprio tempo. É óbvio que nunca dizer "não" é criar um filho perdido de mimos, que será incapaz de enfrentar as realidades, posteriormente. Um garôto assim crescerá esperando que o mundo lhe ofereça tudo quanto desejar.

Quando se trata de liberdade e licenciosidade, não há Bíblia nem enciclopédia, nem autoridade final a quem consultar. O pêso recai sôbre os pais, nisso de usar a própria cabeça. Tudo quanto se pode exigir é que a criança jamais seja amedrontada ou levada a sentir-se culpada.

Isso depende de sua personalidade. Se a senhora é mulher razoàvelmente plácida, se sua vida amorosa com o marido é boa, se está suficientemente distante, tanto geográfica como psicològicamente, de parentes dispostos a intervir, tem uma possibilidade, então, uma *boa* possibilidade de criar um filho que estará, tanto quanto possível, livre de neuroses. Ficará a seu critério tomar as resoluções, diàriamente, quanto ao momento de dizer "sim", ou dizer "não".

Meu Johnny reúne seus jovens camaradas na sala de estar, depois das aulas. Não gosto disso, porque êles fazem muita desordem. De vez em quando deixam cascas de amendoim nos tapêtes.

Também com os móveis não demonstram grande consideração. Eu aprovo, calorosamente, que Johnny tenha amigos e aprecio bastante seus companheiros, mas gostaria que aquela jovem tropa fôsse para o quarto de Johnny. Diz Johnny que não quer isso porque o quarto é pequeno demais para seis garotinhos. Alega que esta é sua casa, também, e que êle deveria ter permissão para que os amigos usassem a sala principal e nela se divertissem. Êsse argumento representa liberdade ou licenciosidade? Johnny tem 14 anos.

Parece-me que se trata antes da licença. Liberdade está em fazermos aquilo de que gostamos desde que isso não interfira na liberdade dos demais. Johnny está interferindo na liberdade dos senhores.

A verdade é que as crianças não deveriam estar no mesmo ambiente em que estão os adultos. Nossas estantes de livros, ornamentos, relógios de parede, nada significam para a criança. Os aposentos das crianças deveriam ser construídos pelo ferreiro da cidade. Naturalmente, a realidade é que elas realmente ocupam os aposentos dos adultos, usados para ocupações dos adultos, e outra realidade é que êstes últimos, de vez em quando, precisam, mesmo, de repouso, e desejam, mesmo, decoração estética.

Em Summerhill não permitimos que os alunos entrem na sala da diretoria e a deixem juncada de cascas de amendoim e de envoltórios de goma de mascar. Na sala de visitas de minha mulher insistimos no bom comportamento dos jovens visitantes, quando os convidamos para assistir a espetáculos de TV.

Eu diria a Johnny: "Olhe aqui, meu filho, você pode trazer seus amigos tantas vêzes quantas quiser, mas se êles encherem a casa de barulho e atirarem coisas no chão, terão que ir embora".

Ninguém deveria governar um lar. Cada membro de uma casa tem direitos iguais ao confôrto, à paz, ao silêncio. Permitir que um menino obtenha tudo quanto deseja é transformá-lo, apenas, num jovem tirano.

Meu filho de oito anos interrompe constantemente minhas conversas com minha mulher. Não desejo censurá-lo e prejudicar-lhe a personalidade. Que podemos fazer nesse caso?

É difícil responder, já que não sei que tal são vocês como pais. Parece-me que permitiram que o filho abusasse da liberdade e agora estão colhendo a erva má que semearam. Talvez o fato de estar êle constantemente falando se deve a perguntas que traz atravessadas na garganta por não terem sido respondidas em tempo. Ou talvez êle seja um tagarela nato!

Não sei que espécie de relações há entre vocês e seu menino. Talvez os esteja interrompendo por desejar molestá-los. Ou porque seu complexo de Édipo o leva a afastar o pai da mãe. Como é possível analisar uma situação que não se presenciou?

Geralmente, digo aos pais: "Não deixem que seu filho mande em vocês, se não mandam nêle. Não deixem seu filho interrompê-los, se vocês não o interrompem. Colocar o Joãozinho como uma espécie de estátua, num pedestal, ser-lhe-á prejudicial."

Hoje em dia muitos pais imaginam que contrariando o filho farão que êle se transforme num imbecil ou num Al Capone. Tolice! Os pais devem dizer "não" quando um "não" se faz necessário. Os pais não devem deixar que os filhos os intimidem.

Eu estava conversando com um homem de negócios americano. O filho dêle, de 13 anos, sentia-se aborrecido com a nossa conversa. Deu um salto, interrompeu-nos e exclamou: "Papai, dê-me a chave do carro. Vou dar um passeio." "Está bem, filho" — disse o pai, entregando ao menino a chave de seu Cadillac nôvo. Aquilo, para mim, foi simplesmente loucura e abuso — para não falar do gesto criminoso representado pela colocação de máquina mortífera nas mãos de um menino.

Repito e torno a repetir as palavras: "Liberdade deve vir de ambos os lados." A criança deve ter liberdade de falar sem interrupção, e os pais devem ser livres para conversar sem serem interrompidos. A criança deveria estar capacitada para recusar a interferência dos pais em suas coisas pessoais, e os pais deveriam ter a liberdade de recusar a um filho o seu Cadillac, ou seus tacos de gôlfe, ou sua gravata, ou de impedir que perturbe a paz de sua sala de trabalho, ou que interrompa sua sesta da tarde.

Meu filho tem quatro anos. Berra, grita e faz barulho enorme. Tem êle idade bastante para que eu lhe ensine que deve levar em consideração o direito dos demais?

Sim. Diga-lhe que se cale, mas não envolva a repreensão nas roupagens da moralidade. Enfeitar o que se diz com sermões é tão errado quanto inútil.

Mesmo uma criança de quatro anos começa a perceber o que significam os direitos alheios. Em nossa reunião semanal do parlamento de Summerhill, se uma criança de quatro ou cinco anos começa a fazer barulho, o presidente diz: "Nellie, fique quieta, estamos em reunião". Ela se aquieta, nem que seja apenas durante cinco minutos. Mas não sente mêdo, porque a voz do presidente não manifesta severa autoridade. As crianças estão aqui numa atmosfera em que se sentem aprovadas — mesmo quando estão sendo uma praga dos diabos!

Num bom lar — o lar onde não existe mêdo — uma criança de quatro anos não será prejudicada por lhe pedirem que fique quieta.

Sei muitíssimo bem que uma garôta de 15 anos tem grande número de amiguinhos, mas minha Jeannette vive agarrada ao telefone. Nossos amigos não podem falar conosco, pois não conseguem romper aquela barreira do som. Devemos consentir que Jeannette converse todo o tempo que desejar, ou estará ela exercendo licença?

Acho que sim. Eu lhe diria, simplesmente: "Olhe aqui, minha pequena, você não é a única estrêla no firmamento. Outros querem o telefone. Portanto, saia da linha".

Minha filha afirma que está educando os filhos numa atmosfera de liberdade, mas a mim parece estar sendo extremamente tolerante. As crianças obtêm quase tudo quanto querem e não mostram consideração para com as necessidades ou os desejos dos adultos. Ela parece imaginar que está seguindo os preceitos de Summerhill, mas eu não estou certa disso. Que comentário faz o senhor nesse caso?

Não é fácil comentar, de vez que não conheço a situação. Recentemente, disse à mãe de um dos meus jovens alunos: "Por que a senhora se exalta cada vez que seu filho diz um palavrão ou quebra uma xícara?"

Respondeu ela: "Não sou uma mulher feliz. Há cinco anos meu marido não dorme comigo. Minha vida é uma longa frustração, e isso me irrita os nervos e eu grito com as crianças".

Dar às crianças tudo quanto desejam pode significar que elas estão recebendo substitutos para o amor que os pais não lhes podem dar. Num bom lar, as crianças não têm permissão para impor sua vontade. Tal como os adultos, são sócios num negócio movimentado e de feliz atividade.

Por outro lado, talvez a senhora não seja a pessoa indicada para julgar de que forma as crianças devem ser educadas. Talvez se mostre partidária de uma disciplina severa — e que diz deverem as crianças ser vistas mas não ouvidas. Talvez a senhora seja uma dessas muitas avós que consideram as filhas incompetentes e classificam de errado tudo quanto elas fazem.

Espero que a senhora compreenda que, se os pais de seus netos não estiverem do lado das crianças, essas crianças não chegarão a encontrar felicidade na vida, agora ou mais tarde. Mas, por outro lado, presentes excessivos de aparelhos de rádio e bicicletas não garantem a felicidade de uma criança, tal como Cadillacs e Rolls-Royces jamais aumentaram a verdadeira felicidade íntima de um adulto numa vírgula que fôsse. Quando as coisas vêm com demasiada facilidade, não recebem apreciação. Por isso é que o bom psicoterapeuta se recusará a receber um paciente graciosamente, pois sabe que êsse paciente considerará que nada vale o que recebe em troca de nada.

Meu caçula tem loucura pelo *jazz*. É o chefe de um conjunto musical que ensaia em nossa casa. Tanto meu marido como eu chegamos a ponto de não conseguir agüentar mais tal situação. Estamos, simplesmente, enlouquecendo com o ruído constante dêsses ensaios, êle o dia inteiro com o saxofone, e o conjunto praticando três vêzes por semana. Como poderemos resolver um problema assim?

O rapaz diz que não tem outro lugar para reunião e ensaio. Se se tratasse da minha casa, eu me livraria do barulho alugando uma saleta em outro lugar e pagaria êsse aluguel com satisfação.

Mas há, sempre, a questão do dinheiro. Os senhores estão em condições de pagar êsse aluguel?

Pessoalmente, solidarizo-me com a senhora, já que detesto certos barulhos que são chamados música. Minha escola tem seu *jazz-band,* mas, felizmente, o conjunto faz os ensaios numa sala que fica a boa distância da minha sala de visitas.

Contudo, fazer do *jazz-band* um tabu seria um crime contra o rapaz e levaria o lar a uma tensão insuportável. Não podemos afastar *jazz,* ou *rock and roll,* ou qualquer outra espécie de expressão moderna, só porque não é de nosso gôsto.

Não vejo outra solução a não ser a da saleta alugada. Mas, se não lhes fôr possível suportar a despesa, posso apenas sugerir tampões nos ouvidos e resignação. No lar de um professor de piano a família não tem outro meio senão agüentar o ruído.

Quando há uma conversa em nossa casa minha filha chama-nos a atenção falando aos gritos. Meu marido vive constantemente irritado por causa disso e acaba gritando também, para fazê-la calar. Dizemos à menina que isso demonstra falta de boas maneiras, que isso a torna pouco atraente, mas é como se falássemos a ouvidos surdos. O senhor tem alguma solução?

Sim, tenho uma solução usada freqüentemente em minha escola. *"Mary, você está falando muito baixo. Vamos, levante a voz!"* Isso surte efeito, habitualmente.

A forma repressiva é apenas inútil perda de tempo. Parece-me que sua filha se sente inferior, uma joana-ninguém na família. Seus gritos podem significar: *"Olhem, gente, vocês não me podem deixar de lado; com os diabos, hei-de me fazer ouvir!"* E pode tratar-se de um protesto permanente contra repressão vinda dos pais.

Mas, por que se preocupam com o que, afinal, é uma coisa sem importância? Preocupam-se com os ensinamentos que sua filha recebe na escola ou na igreja? Jamais se sentaram, calmamente, e perguntaram a si próprios: *"Por que minha garôta se mostra rebelde e infeliz?"*

Vão mais até o fundo, amigos, vão mais até o fundo e parem de se preocupar pelo que não passa de sintoma externo de conflitos íntimos. Tentem chegar ao âmago, às profundidades da vida, e para além das tôlas coisas convencionais que são efêmeras e destituídas de importância. Essa sua pobre garôta tem algum agravo, algum protesto, alguma angústia que está escondendo dos senhores.

Falar aos gritos pode ser um disfarce. O homem tímido, quando atacado, pode gritar para esconder seu terror. Não podemos curar coisa alguma atacando sintomas. Os senhores, pais da garôta, deveriam tentar fazer de sua casa um lar feliz para ela.

Meu filho de cinco anos está muito apegado a um seriado de TV que é exibido todos os dias, às seis horas da tarde. O televisor está na sala de visitas. Meu marido volta para casa, diàriamente, por volta das seis horas, exausto e suspirando por um pouco de silêncio e repouso. E fica muitíssimo aborrecido com o programa de mocinho-e-bandido. Como conciliar êsses interêsses conflitantes?

Não conhecendo a disposição dos aposentos da casa, não sei se o televisor poderia ser colocado em outro lugar, digamos na cozinha ou num dos dormitórios. Infelizmente, a irritação de papai pesará sôbre o garôto, que poderá relacionar o prazer da TV com a contrariedade paterna.

Milhares de casas têm problemas similares. Meu próprio televisor está em nossa sala de visitas. Muitas vêzes tenho de assistir a um programa que outros desejam ver, mas eu não. O que posso fazer, então, é passar para outro aposento. O inferno de cada família está representado pelos programas de televisão, já que a maior parte dos adultos deseja ver uma boa peça enquanto a garotada prefere música estrondosa ou um seriado.

Numa família livre, há um toma-lá-dá-cá. O filho gosta de Batman na TV. O pai deseja drama ou futebol. Que fazer? Minha mulher e eu estamos na mesma posição com referência à minha filha. Resolvemos o caso com o toma-lá-dá-cá. Dizemos: "Às sete, você pode ter seus músicos de *jazz*. Às oito, eu vou assistir a uma peça de Shaw."

Para responder diretamente a sua pergunta: Só há duas maneiras, tanto quanto me parece. Ou levar o televisor para outro aposento, ou dizer ao garôto que êle **não pode ter televisão tôdas** as noites. Mudar o aparelho de lugar é a solução melhor, porque retirar-lhe o programa querido pode significar para o filho: *"Êles não gostam de mim."* Essa conclusão pode levar a coisas piores do que a contrariedade do pai diante de um estúpido filme de super-homem.

Minha filha está sempre servindo-se de minha roupa. Ela tem um guarda-roupa bastante razoável, mas parece desejar constantemente os meus vestidos. Às vêzes, quando ela sabe que algo é caro, usa-o sem pedir permissão. Deveria eu castigá-la?

Não, positivamente não. Sua filha pode ter de você uma opinião tão elevada que deseja identificar-se com sua pessoa até mesmo chegando ao desejo de usar suas roupas. Ou talvez tenha forte fixação sôbre o pai, e sentir — sem pesar: *"Eu quero tomar o lugar de mamãe nas afeições dêle."*

Realmente, a môça está caindo em licença. Está retirando, sem permissão, coisas que não lhe pertencem. Mas a senhora deve investigar por que ela está agindo assim. Realmente, minha senhora, por que sua filha *não lhe* pede permissão?

A mim está parecendo que as relações entre ambas não são relações de amor. O simples fato de a senhora mencionar castigo indica isso. Pode ser que a môça esteja, subconscientemente, pensando: *"Se eu não posso alcançar o amor de mamãe, alcançarei seu ódio. Uma boa forma de obter reação por parte dela é usar-lhe as roupas."*

Nossas roupas são, assim dizem, parte de nossa personalidade, mas também nossos filhos o são. Um incidente como êsse, ou mesmo vários episódios dêsse tipo, não levariam uma mãe equilibrada a ir até o amargo fim. Quanto mais uma pessoa valoriza roupas tanto menos demonstra ser adulto equilibrado. O inglês convencional com suas calças listadas e seu absurdo *bowler*(*) valoriza tanto sua aparência porque não tem bastante o que valorizar dentro de si próprio. Valorizar em excesso as roupas sugere falta de interêsse por coisas mais importantes na vida.

(*) Chapéu-de-côco.

Castigos e censuras não ajudarão em nada. Pelo contrário, tais medidas fornecerão à jovem prova de que não é amada bastante.

Mas não é difícil tratar uma situação, sem ódio nem castigo, se as relações entre mãe e filha são naturais. Quando Bobby toma emprestada uma das minhas chaves-inglêsas e não a devolve, eu não tenho a menor dúvida em reclamar enèrgicamente para que êle a devolva. Mas no que digo não há ódio, nem cólera, nem pregação de moralidade. No dia seguinte talvez Bobby ralhe comigo porque cheguei tarde para uma aula. Faz isso muitas vêzes. E o mesmo sentimento pode ser regra duma família, quando a brecha entre pais e filhos não se faz intransponível, quando os jovens não tiverem o mêdo instilado em suas pessoas.

Faça de seu lar um canto feliz para a filha e ficará surpreendida ao ver muitos problemas desaparecerem ràpidamente.

AUTO-REGULAMENTAÇÃO

Com freqüência o senhor se refere em seu livro SUMMERHILL (Liberdade Sem Mêdo) à auto-regulamentação. Que significa, exatamente, auto-regulamentação?

Auto-regulamentação depende muito da própria psicologia da mãe, de sua filosofia, de seu senso de valores. Criança alguma pode ser auto-regulamentada quando a mãe está mais interessada em obejtos etc., do que no filho. Auto-regulamentação é estranha à espécie de mãe que perde as estribeiras quando se quebra algum vaso idiota, ou à que deseja impressionar os vizinhos com o fato de possuir um garôto ou uma garôta gentis e bem educados. Mãe alguma que tenha complexo de sexo e excrementos pode ter um filho auto-regulamentado. O têrmo reclama mulher equilibrada, tranqüila.

Pareço estar fazendo o desenho da mãe ideal, como jamais foi vista em terra ou mar algum. Entretanto, o que estou tentando dizer é que uma criança não pode ser mais auto-regulamentada do que a mãe o é. Cada mãe deve regulamentar-se primeiro, antes que possa educar um filho auto-regulamentado. Deve abandonar tôdas as idéias convencionais sôbre limpeza, desmazêlo, barulho, blasfêmias, brincadeiras sexuais, destruição de brinquedos, etc. Muitos brinquedos podem ser conscientemente destruídos por uma criança sadia. Não há moralista, nem seguidora de ritos religiosos, nem disciplinadora, que possa ter um filho auto-regulamentado. *Auto-regulamentação significa comportamento que brota do eu, não vem de compulsão exterior.* A criança moldada não tem eu. É, apenas, uma réplica dos pais.

Para permitir auto-regulamentação é necessário que a pessoa seja educada ou culta. Penso em Mary, mulher simples de uma aldeia de pescadores da Escócia. Mary era dona de maravilhosa placidez. Jamais se agitava, jamais se enfurecia. Estava, instintivamente, ao lado de seus rapazes e môças. Êles sabiam que a mãe aprovava o que quer que fôsse que fizessem. Na qualidade de mãe, Mary era uma confortável e cálida galinha com seus pintinhos em derredor. Tinha o dom natural de dar amor sem fazer êsse amor possessivo. Ali estava uma alma simples que jamais ouvira falar em psicologia e em auto-regulamentação, e que ainda assim praticava, na íntegra, a auto-regulamentação. Seguia suas emoções no trato com a família, e não agia segundo regras estabelecidas para a educação de crianças. Note-se, contudo, que ela gozava de melhores condições do que a mãe que vivia num apartamento de Filadélfia. Os filhos estavam ao ar livre a maior parte do tempo. Não havia bugigangas custosas para proteger das mãos das crianças, não havia rádios, nem televisores, nem ferros elétricos de passar roupa. A família não dispunha de roupas caras que devessem ser conservadas sem sujeira. Existia um simples toma-lá-dá-cá, e ausência do domínio por parte dos pais. As crianças cresceram como as ervas, libertadas de excessivo cultivo e adubadas com amor. Mary sabia o que esperar de uma criança, tanto quanto sabia o que esperar de um bezerro. Não tinha a pretensão de ver uma abóbora dar bonitas flôres, assim como não esperava que o filho de três anos fôsse limpo e considerado. O que era tolerado num garôto de cinco anos já não era tolerado no de dez. Mary amava os filhos, mas também se amava, respeitava-se, e jamais permitia que qualquer membro de sua ninhada explorasse sua bondade. Para ela tudo era pão-pão-queijo-queijo. Os garotos sabiam que ela era sincera. Sabiam que não se podiam fazer de engraçados com ela, mas, acima de tudo, sabiam que ali estava uma mãe que jamais os explorava, uma mãe que os amava, nunca os empurrava em direção de metas impossíveis de alcançar.

Ali havia um lar com verdadeira auto-regulamentação, um lar sem pressões.

"Está tudo muito bem" — dirá a mãe americana — "mas eu não vivo no campo."

Suponho que a questão se prende à quantidade de amor que a senhora dá a seu filho. Seu garôto de dois anos se comportará mal se sentir que está num ambiente de tensão, se a senhora estiver constantemente dizendo: "Não! Não faça isso." Terá a impressão de que a vida, para êle, é um longo período de treinamento.

A senhora jamais deveria tentar trazer seu filho limpo no sentido sanitário, empurrando-o para o vaso a fim de treiná-lo. Se o vaso ali está, êle, na ocasião própria, usá-lo-á espontâneamente. Se êle não gosta de determinado alimento, a senhora não deve, de forma alguma, forçá-lo a comer, nem mesmo persuadi-lo a comer. Se, e quando, êle tocar nos orgãos genitais, sorria, aprovadoramente.

E que dizer de suas crises de cólera? Da maneira pela qual êle bate na irmãzinha mais nova? No hábito de amassar coisas? É inútil tentar raciocinar com uma criança de dois anos, pois ela não pode aprender causa e efeito. É inútil dizer-lhe, quando ela puxa o rabo do gato: "Você gostaria que eu puxasse seu nariz?" Há ocasiões em que a senhora terá de dizer "não", ocasiões em que terá que afastar o menino de sua chorosa irmãzinha mais nova, que êle pròdigamente esmurrou, vêzes em que será preciso dizer: "Largue disso!" A mãe plácida *saberá* o que fazer e o que dizer. Mas a mãe, cuja voz e cuja mão assustam o filho, apenas consegue um aumento das travessuras.

Auto-regulamentação é coisa intangível: ninguém pode ensiná-la. Há tão poucas crianças que foram criadas em auto-regulamentação a partir da primeira infância... Vejo nelas menos agressividade, mais tolerância, corpos menos tensos, espíritos mais libertos. Não me parece que venham a submeter-se ao condicionamento impôsto pelos moralistas da antivida.

Mas a auto-regulamentação não significa que uma criança deixe de ser protegida. Quando uma mãe me escreve perguntando-me se seria contra a auto-regulamentação o fato de colocar um guarda-fogo diante da lareira, eu suspiro.

Uma das mães mais apavoradas é a que mora numa avenida de tráfego intenso e tem um filho de quatro anos de idade. Muitas vêzes tem de esquecer tudo sôbre auto-regulamentação e agarrar, assustada, o filho que quer perambular. Carros, bicicletas, inflamáveis, fossos, tudo isso torna a auto-regulamentação muito longe de parecer fácil a uma mãe ansiosa. Se a mãe, entretanto, sente-se apenas ansiosa pela segurança do filho e não interpõe sua autoridade em outros sentidos, há muita esperança para essa criança.

> Há muitas pessoas repetindo o que o senhor disse sôbre *Summerhill,* mas a mim não parece estarem fazendo nada a êsse respeito. Parecem ter enfiado Summerhill em suas cabeças, mas não na sua coragem. Conheço pais que citam o livro com entusiasmo e depois sufocam a liberdade dos filhos. Tem algum comentário a fazer?

Sim, é verdade que alguns pais apreciam a idéia de liberdade intelectualmente, mas não emocionalmente. São os que dizem: "*Liberdade é excelente, mas...!* Com freqüência êsse "mas" significa "*Como crianças livres se adaptarão a uma sociedade que não é livre?*" Quando o "mas" não tende para o mêdo, demonstra puritanismo.

Recordo-me da história de Wilhelm Stekel, em sua análise de um rapaz de 17 anos, filho de um psiquiatra. O rapaz sentia-se prêsa de grande culpa por ter tido relações sexuais com a irmã. Ao fim da análise o pai consultou Stekel em presença do rapaz. "Bem, doutor, o que não vai bem com êste garôto?"

Stekel respondeu que jamais poderia repetir uma confidência de um paciente, nem mesmo ao pai dêsse paciente.

Disse o rapaz: "Eu gostaria que papai soubesse." Então Stekel contou tudo.

O pai riu: "Naturalmente, compreendo. O velho complexo do incesto."

No dia seguinte, quando o rapaz veio ver Stekel, tinha o rosto cheio de manchas azuis e prêtas. O pai psiquiatra levara-o para casa e espancara-o cruelmente.

Mais tarde, o próprio pai veio com Stekel, para análise, e Stekel descobriu que o pai estava, realmente, apaixonado pela própria filha e tinha agido por ciúme quando espancara o filho.

Aqui temos um bom exemplo de como aceitamos intelectualmente uma situação, mas a rejeitamos emocionalmente. Depois de ouvir essa história, há uns 45 anos, tenho sido parcimonioso nisso de contar aos pais qualquer segrêdo desenterrado em conversa com um rapaz ou com uma menina.

Quanto aos que repetem palavras sôbre liberdade, o Reich chamava-os de "mascates da verdade". Conheço-os. Não são insinceros. Habitualmente, trata-se de jovens idealistas que apanham a mensagem, em parte, e adaptam aquela porção à linha de seus próprios complexos. A pergunta é: Não fazemos exatamente isso, todos nós?

Não emprego em minha escola o solicitante de emprêgo que chega encantado com Summerhill, dizendo: *"Tôda minha vida estive procurando êste paraíso"*. Invariàvelmente, tal homem, ou tal mulher, não chega a ser um professor brilhante, pois Summerhill não é um lugar ideal, e em duas semanas o sonho estará despedaçado. Eu me afasto o quanto posso de professôres que trazem os olhos voltados para as estrêlas.

Ao fim, deve-se julgar o homem pelas suas ações. É inútil insistir em falar fluentemente sôbre liberdade para crianças, se a pessoa nada faz a êsse respeito. Sinto que Krishnamurti deveria ter passado sua vida com crianças em vez de andar em tôrno do mundo fazendo conferências para mulheres da classe média, algumas das quais receio que tenham usado sua mensagem para acolchoar sua inútil existência. Cuidado com pregadores, sejam êles Billy Graham ou agitadores políticos. Minha consciência sente-se confortada quando faço conferências sabendo que falo sôbre o que fiz, e não sôbre o que estou fazendo. Dever-se-ia esperar que um escritor ou um pregador praticassem o que pregam. Por favor, prestem atenção em bispos que abençoam navios de guerra.

O único Evangelho que um homem deveria pregar seria o seu próprio Evangelho, embora seja duro saber quanto um retirou de outros. Como eu, que tirei minha autonomia de Homer Lane e a auto-regulamentação do Reich.

Homem algum é uma ilha. Mas alegra-me que Orson Beas não chame sua escola da rua 15, em Nova Iorque, de Escola Summerhill. Êle irá pelos seus próprios caminhos.

Atitudes Antivida

MANEIRAS

Como podem as crianças aprender boas maneiras se não lhes disseram como se comportar à mesa, ou como agir quando são apresentadas aos demais? Concordo em que boas maneiras não são coisa natural. Diante disso, não devem ser ensinadas?

A PERGUNTA É REALMENTE:

"Devemos ensinar etiquêta a nossos filhos?"

Lembro-me da primeira vez em que encontrei um lavabo de mesa num jantar festivo dado a elegante. Um homem bebeu a água nêle existente. Eu tive a prudência de observar o que outros faziam.

Convém saber quais os objetos de mesa que se devem usar, mas, naturalmente, a etiquêta é diferente nos diversos países. Na Inglaterra, cavalheiro algum beberá tendo alimento na bôca, mas no Continente essa regra social não é seguida. Certa vez cometi uma gafe sentando-me num sofá, numa casa alemã. Disseram -me, mais tarde, que numa casa alemã o sofá era sempre reservado aos hóspedes importantes.

Tirar o cnapéu para uma senhora é gesto que procura disfarçar o fato de que em nossa civilização patriarcal a mulher é tida como inferior. Nossas maneiras especiais em relação às mulheres mostram compensação para aquêle ponto de vista.

Sim, é melhor conhecer a etiquêta usada em nosso mundo convencional. Maneiras, entretanto, são uma história diferente. Boas maneiras significam pensar nos demais. Boas maneiras não podem ser ensinadas. Na minha escola não ensinamos etiquêta. Se uma criança lambe o prato, ninguém se incomoda com isso, ninguém repara nisso. Jamais preparamos uma criança para dizer "Obrigado" ou "Bom dia". Mas quando um garôto caçoou de um nôvo aluno, que era aleijado, os outros alunos convocaram uma reunião especial e o ofensor ouviu, da comunidade, e não em têrmos incertos, que a escola não apreciava maneiras daquele gênero.

Uma criança livre desenvolve boas maneiras naturalmente. Tornando-se velha, tem sensatez bastante para aprender a polidez superficial que, em melhores têrmos, se chama *etiquêta.*

Se uma criança não é polida, no sentido comum, ofenderá, sem dúvida, certas pessoas. Sua repulsa ou desagrado não se tornarão prejudiciais à criança?

Que vem a ser polidez? Pensar nos outros e em seus sentimentos. Crianças muito novas estão, antes de mais nada, interessadas em si próprias. O adulto egoísta é o homem que jamais cresceu.

Uma criança disciplinada é polida para com os adultos se tiver mêdo dêles. A criança livre adquire uma polidez natural sem sacrificar a sinceridade. Se uma criança é sempre descortês, foi mal educada e desenvolveu ressentimento contra os adultos. Pense no mau efeito sôbre uma criança dizer-lhe *"Beije a Vovó"*, ou no ressentimento que a criança sente se lhe dizem: *"Menino, agradeça a Tia Maria pelo belo presente."*

Pais e professôres sensatos jamais pedem polidez. A descortesia nasce de pais exigentes. A Sra. Smith diz: "Detesto que minha vizinha do lado, Sr. Green, pense não serem meus filhos educados como devem ser." A Sra. Smith tenta estar em boas relações com os vizinhos a expensas dos filhos.

Penso que a palavra *gratidão* deveria ser apagada do dicionário. As pessoas que pedem gratidão são tôlas. Meu bom amigo Henry Miller escreveu-me dizendo que está ganhando muito dinheiro com a publicação de Trópico de Câncer. "Penso que Summerhill deve receber algum" — disse êle, mandando mil dólares. Mas meus sentimentos em relação a Henry Miller não são sentimentos de gratidão, são sentimentos calorosos por um homem querido, muito e muito querido. Não tenho idéia da espécie de sentimentos que teria se um desconhecido John Smith me mandasse um milhão de dólares. Estou certo de que a palavra *gratidão* não seria própria para tais sentimentos.

Meus queridos pais, deixem os filhos encontrarem sua própria medida de polidez. Dêem-lhes amor, e êles serão, automàticamente, polidos. Mas se atormentarem os filhos com regras de comportamento poderão muito bem estar lançando os fundamentos para que êles sejam inconsiderados em relação aos demais.

> Jamais ensinamos boas maneiras ao meu garôto. Êle diz "Obrigado" e "Por favor" porque quer dizer. É atencioso para com as demais pessoas. Mas, não sei por que, gosta de agarrar a comida com os dedos. Minha espôsa e eu temos observado isso complacentemente, na esperança de que com a idade o hábito desaparecesse; êle, porém, continua com essa maneira detestável. Francamente, o caso tem-nos dado desgôsto. E, além disso, pensamos se êle não se habituará permanentemente a êsse respeito, para embaraço dêle próprio, e nosso, em anos que virão. Que acha o senhor?

Tem êle 5 ou 15 anos? Naturalmente, abandonará o hábito, em tempo. Quando levar sua primeira namorada a almoçar não tocará na comida com os dedos.

Eu nada faria quanto a êsse hábito enquanto êle tocasse a porção que êle próprio iria comer. Protestaria, certamente, se metesse os dedos numa torta de maçã que fôsse minha parte na refeição.

Pode ser que êle tenha um complexo em relação ao convencionalismo. Nossos hábitos alimentares são estilizados. Por que não devemos comer ervilhas com a faca ou deitar chá em nosso pires a fim de esfriá-lo? Por que não devemos colocar com os dedos o queijo sôbre um biscoito, ao invés de com a faca? Comemos peras e maçãs com a mão, mas por que não fazemos o mesmo com salsichas ou tortas de carne de porco? Acho que o rapaz tem algum motivo nesse sentido. Bem entendido, não estou excluindo a idéia de que seu motivo inconsciente seja apenas contrariar os mais velhos.

Diz o senhor em sua carta que, assim como a espôsa, acredita no princípio da não-imposição de qualquer espécie de aprendizado ou de censuras sôbre o rapaz. Mas desde quando tem sido assim? Já eram formadores de caráter antes de ouvirem falar em Summerhill. O senhor não terá, realmente, dominado o rapaz quando êle era pequeno. Não terá, alguns anos depois, dito ao filho: "Estás livre para fazeres o que quiseres?" Se foi assim, êle o atendeu. Se o problema fôsse meu, eu nada diria.

Estou me lembrando de uma exibição maravilhosa de boas maneiras que testemunhei, certa vez. O pastor da aldeia convidou um trabalhador braçal para o almôço. O prato era picadinho. O trabalhador começou, imediatamente, a atirá-lo à bôca com a faca. O pastor tomou a sua e manejou-a com todo o entusiasmo. Naturalmente, eu segui os exemplos.

DEVER E RESPONSABILIDADE

Por que uma criança deve fazer apenas o que gosta de fazer? Como pode ela enfrentar a vida, que exige milhares de deveres desagradáveis?

Infância não é idade adulta. Infância é tempo de brincar e não há criança que brinque o bastante. Quando uma criança tiver brincado bastante, começará a trabalhar e a enfrentar dificuldades, dando boa conta disso tudo, mesmo quando o caso envolva uma porção de trabalho desagradável.

A maioria dos homens odeia o trabalho que faz. Muitas vêzes indaguei de pessoas: "Se você ganhasse uma fortuna, continuaria em seu trabalho?" Artistas, médicos, alguns professôres, músicos, lavradores e outras pesoas criadoras disseram "sim". Muitos outros declararam que abandonariam o emprêgo, na maioria operários, caixeiros de lojas, escriturários, motoristas de caminhões e operários de fábrica que devem ficar na linha de montagem e não têm a sensação de ter completado o produto. Em sua maior parte, os empregos não são de interêsse real. Os jovens, especialmente, detestam-nos.

As crianças criadas em liberdade podem fazer frente a deveres desagradáveis, mas tais crianças jamais fazem do trabalho uma obsessão. O que quero dizer é que a criança liberta não se deixa envolver demasiado pela cólera e pelo ódio contra os que lhe pedem tais deveres. Se um rapaz ou uma môça sentirem a liberdade interior, não ressentirão demasiadamente as tarefas.

Na semana passada meu filho Tommy apanhou a motocicleta, correu pela cidade e colidiu com um automóvel que estava estacionado, causando prejuízos calculados em cento e cinqüenta dólares. Acontece que não temos renda que nos permita pagar essa espécie de despesa inesperada. Mas teremos, naturalmente, de atender a essa fatura em particular. Que devemos fazer? Devemos repor o dinheiro, retirando-o semanalmente da mesada de Tommy? Devemos insistir em que êle venda a motocicleta a fim de levantar o dinheiro necessário ao pagamento dos prejuízos? Ou o quê?

Se fizerem Tommy vender a motocicleta para pagar os prejuízos, êle se ressentirá fortemente e tomará isso como falta de amor da parte dos pais. Mas não vejo por que êle não deva pagar os prejuízos com a mesada. Afinal, êle tem de enfrentar a realidade e deve aprender que sua falta de cuidado não pode ser paga pelos pais.

Mas não sei que idade tem o rapaz, ou que espécie de rapaz é. Se tiver mais ou menos doze anos, poderá ver nessa obrigação de pagamento um castigo e ressentir-se dêle. Mas, se tem dezessete anos, deve estar em condições de considerar razoável sua parte nas despesas.

Fiquei viúva quando meu filho tinha seis anos. Sou forçada a trabalhar para viver e a luta tem sido muito dura. Meu filho tem agora dezesseis anos, está no ginásio e vai bem. Não há a menor possibilidade, de minha parte, de poder mantê-lo até o fim no colégio. Eu gostaria que êle cessasse de estudar e arranjasse um emprêgo a fim de ajudar-me a manter as duas irmãs mais novas. Tenho o direito de insistir em que êle se faça o homem da casa, nessa idade?

Não sei que expectativas tem o rapaz se ficar na escola, mas penso, apenas, que seria errado fazê-lo o homem da casa, nessa idade. Acho que qualquer emprêgo que pudesse conseguir, no presente estágio, não poderia ser muito bom.

Considero que a senhora deve lutar por mais um ou dois anos e dar ao garôto a possibilidade de decidir por si próprio o que deseja fazer na vida. Se fôsse forçado a deixar a escola e se ressentisse de ter precisado trabalhar, a atmosfera da família não seria muito feliz, não acha?

Não. Deixe que *êle* decida, é o que digo.

Minha espôsa é uma escrava de nossos filhos. Recolhe suas roupas, passa-as a ferro e faz todos os trabalhos da casa. Estou sempre dizendo que ela vai transformando os filhos em garotos irresponsáveis, mas a resposta é que um pouco de bondade e atenção jamais estragou uma criança. Quem está com a razão?

Ao que parece, sua espôsa está certa.

Desde que a infância é tempo de brincar, o direito da criança é brincar e brincar. Isso o senhor deveria esperar. Seu horário para os filhos não é natural. Em Summerhill, não pedimos às crianças que realizem tarefas. Os mais velhos fazem alguma coisa porque desejam que seus quartos pareçam agradáveis. Os mais novos simplesmente não se importam. Mas, se ninguém os incomodar, essas mesmas crianças podem muito bem preocupar-se, *quando ficarem mais velhas,* quanto ao aspecto das suas instalações.

Numa casa a situação mostra-se diferente, é óbvio. Solidarizo-me com as mães cujos filhos adolescentes as deixam lavar a louça e varrer a casa. Com adolescentes elas têm, com certeza, o direito de dizer que devem dar sua parte no trabalho, mas com crianças mais novas não. Parte do transtôrno vem dos padrões diferentes dos jovens e velhos. Um quarto desleixado pode nada significar para a maioria das crianças, e vou até o ponto de dizer que ambientes excessivamente rebrilhantes de trato também não contam demais na opinião de muitos homens. Se as crianças se lavam voluntàriamente, muito bem. Mas a contínua imposição sôbre uma criança nova significa falta de amor paternal.

Generalizando, uma criança de sete anos fará arranjos e aceitará trabalho, mas dentro de dois anos esquivar-se-á de qualquer tarefa doméstica. Vi, freqüentemente, adolescentes resmungarem ao serem chamadas para certas tarefas, mas quando a mãe saía para férias de uma semana elas conservavam a casa como um brinco.

Tenho a impressão de que tôda criança sente, inconscientemente, que o emprêgo dos adultos é fazer as tarefas para ela. Ultrapassam êsse estágio em tempo, se não forem apoquentadas. Com pré-adolescentes, aconselho paciência. Os pais prudentes não farão exigências excessivas — excessivas sob um ponto de vista psicológico.

E... olá, marido, o senhor faz sua parte nas tarefas domésticas? Deveria fazer, sabe?

Meu filho de quinze anos evita tôdas as tarefas. Faz sempre objeção quando lhe pedimos para cortar a grama ou para entregar um embrulho, ou para fazer qualquer outra coisa. Sente que estão violando seus direitos. Não podemos manter um jardineiro, nem serviço de mensageiros, nem arcar com despesas extraordinárias. Minha espôsa e eu achamos que um rapaz dessa idade deveria ter senso de responsabilidade, que temos o direito de esperar dêle certos trabalhos que estão dentro das suas possibilidades. Contudo, hesitamos em usar de pressão. Acontece que êle é nosso único filho e tememos que se afaste de nós. Mas, por outro lado, temos graves lutas de consciência, e mêdo de estarmos mimando o rapaz não insistindo para que êle nos ajude nos casos surgidos no lar.

Oh! Os milhares de pais que têm o mesmo problema! Jenny não quer ajudar a lavar quando está em casa para as férias. Peter anda ocioso por aí, nem mesmo quer encher a caixa do carvão. Na maioria das famílias a situação é idêntica. Os jovens detestam tarefas e não atingiram o senso de dever que leva os adultos a aceitarem-nas. Para mim, isso significa que a infância dura muito mais do que as pessoas pensam.

Problema análogo é o dos adolescentes que ficam na cama até alta manhã. Podemos pô-los de lá para fora, mas deveríamos, ao mesmo tempo, tentar ver o seu ponto de vista. Talvez os adolescentes vivam mais na fantasia do que imaginamos. A vida real significa tarefas aborrecidas no lar e os jovens não estão preparados para enfrentar as realidades da vida. A mocinha de quinze anos que dorme até tarde pode estar desejando evitar o que para ela significam desagradáveis deveres domésticos. Na verdade, a maioria dos adolescentes é coagida a fazer trabalhos cacetes, ou através de sermões ou por mêdo. Mas, no momento em que a compulsão externa está ausente, a verdadeira imaturidade da infância se revela e os adolescentes voltam ao seu tempo de bebês e à sua irresponsabilidade. Gatos e cachorros não têm tarefas a executar. Talvez o adolescente que foge à responsabilidade sinta, de certa forma, que os pais o vêm mantendo como a um animal de estimação.

O pensamento não traduzido em palavras é o seguinte: *Meu velho e minha velha aí estão e a êles cabe dirigir a casa.* Sim, êsse é, realmente, um problema duro de resolver, porque, tal como o senhor muito corretamente presume, forçar a criança pode levá-la a esfriar as relações com os pais. Numa família onde haja verdadeira liberdade não haveria receio de tal resultado. Minha mulher diz à nossa filha: "Vamos. É a sua vez de lavar." E de modo algum arrisca-se a vê-la rebelar-se por isso. Só numa família autoritária o esfriamento das relações poderá se seguir.

Trabalho forçado é sempre errado. Se um patrão tivesse de dizer continuamente ao empregado o que fazer e como fazer, melhor seria despedi-lo. O bom trabalho aparece apenas quando o trabalhador tem vontade de fazê-lo. A compulsão deveria vir do trabalho, não do patrão ou dos pais. A única honraria que vale a pena receber é a satisfação pessoal de ter feito um bom trabalho, e com sinceridade.

Um aspecto interessante na maioria das famílias é o fato de que quando os pais estão em férias e fora de casa os adolescentes cozinham, lavam e varrem. Naquele momento a necessidade faz as crianças adultas. Mas, desde o instante em que os velhos retornam, a hostilidade em relação às tarefas domésticas começa a se fazer sentir.

Uma sociedade sensata não pediria a ninguém com menos de vinte anos que fizesse um fiapo sequer de trabalho, porque a infância perdura longamente para dentro da pré-adolescência. Infância é tempo de brincar; devemos encarar êsse fato. Assim, pais, aflitos, suspiram e vão apanhar o pano-de-prato, lembrando-se que os padrões de seus filhos são diferentes dos seus. Para muitos adolescentes, um quarto desarrumado nada significa. Êles simplesmente não vêem isso.

Os pais, entretanto, devem evitar de explorar os filhos: *"Vá buscar o martelo, Billy"*. Ótimo, se Billy está ajudando você a consertar uma mesa, mas não assim ótimo se Belly está fazendo um barco ou lendo um livro.

RESPEITO

Como se deve ensinar uma criança a respeitar os pais?

Mas, afinal, que significa a palavra *respeito?* Penso que o ingrediente principal da palavra é mêdo, como no caso das crianças que respeitam professôres severos. Meu dicionário diz que respeito é *estima por mérito, honra, estimar altamente.* Muito bem: se seus filhos não acham que você seja merecedor, ou digno de honrarias ou estima, que pode você fazer? *Forçá-los* a pensar que é uma grande pessoa?

Meus alunos não me respeitam. Jamais peço respeito. Hoje, uma meninazinha de dez anos chamou-me de tolo maluco. E daí? Era a opinião dela esta manhã e tinha o direito de expô-la. Tal declaração não significa que a pequenina não me queria bem.

Há algo não desenvolvido nos pais que pedem respeito. Òbviamente, êles falharam no inspirar amor aos filhos, e, assim, exigem um substituto inferior. Pais realmente justos e sinceros para com os filhos não pedem respeito.

Como pode uma criança respeitar a mãe atormentadora ou o pai gritalhão? Como pode uma criança respeitar pais cujas mentiras ela ouve? Como pode uma criança respeitar a mãe que não ousa enfrentar um marido tirano?

Eu respeito Bertrand Russel por causa de sua filosofia, de seu humanitarismo, mas êsse respeito não é eivado de mêdo ou inveja. Se o senhor quer ser respeitado pelos filhos, viva de forma que o respeito venha naturalmente — o que significa merecidamente — e não porque seu filho tema represália.

Meu caçula, Donald, pouco respeito mostra pelos avós. Meu marido e eu jamais pedimos respeito. O que desejamos é amor, e achamos que isso conseguimos de Donald. Mas sinto-me altamente desconcertada com a indiferença que Donald demonstra em relação aos avós, tanto meus pais como os pais de meu marido. Êles sentem-se escandalizados pelo seu desinterêsse e falta de cortesia. Há alguma coisa que eu possa dizer ao rapaz?

Eu me compadeço da senhora, dos avós e de Donald. Avós costumam ser de dois tipos: alguns estragam a criança com mimos, alegando que os pais não sabem como criar os próprios filhos, e os da outra espécie vêem a juventude como ameaça contra tudo em que êles acreditam. Têm pavor dos hórridos vadios, cabeludos, que falam em gíria, sem outro interêsse a não ser por música barulhenta e festas.

Parece-me, no caso presente, que seus velhos pertencem a êsse segundo grupo. Donald ressente, provàvelmente, sua interferência e seus sermões moralizantes. Há uma grande brecha entre um menino de dez anos e um avô de setenta. O velho e o jovem não falam a mesma linguagem nem têm os mesmos interêsses. A maioria dos avós está ancorada em época passada. Estilos e formas aos quais êles não estão habituados podem parecer dissolutos.

Quando meus pais eram vivos, eu escrevia para casa regularmente e minhas cartas eram "meteorológicas", pois que escrevia dizendo: "Tivemos sol o dia inteiro. Como está o tempo por aí?" Eu precisava pensar o que poderia interessá-los.

Se Donald não gosta dos avós, não vejo o que se possa fazer. Falar com êle seria gastar fôlego inùtilmente. As crianças muito novas têm uma honestidade natural. Se Donald soubesse que os avós iriam deixar-lhe um milhão de dólares desde que êle mostrasse aprovação em relação aos velhos, nem assim poderia mudar de atitude.

Tudo quanto posso sugerir é que Donald seja mantido tão longe dos avós quanto possível.

Quando meu filho se sente frustrado, encoleriza-se. Torna-se mesmo desaforado, e diz: "Sua mesquinha! Sua bruxa!" Devo permitir que êle desafogue sua cólera ou impedi-lo de me dizer

desaforos? O fato é que me sinto muito magoada ao ouvi-lo xingar-me dessa maneira.

Reprimi-lo não adiantará. Simplesmente significará que a cólera voltada para dentro apodrece.

A melhor forma será a senhora aderir ao brinquedo e dar-lhe todos os nomes que puder pensar — mas não encolerizada, é claro. Há um lado bom no quadro: o rapaz não receia chamar-lhe nomes. Bom!

Você se sente ferida porque se sente culpada... *"Se eu tivesse demonstrado mais amor êle não reagiria com ódio, como faz."* Uma criança deveria respeitar os pais. Santo Deus!

Meu conselho é que aprenda a rir com seu filho. Humor e ódio não se combinam. O menino pode ser anormalmente honesto, pois deve haver milhões de crianças que de vez em quando gostariam de chamar as mães de algo que rima como *bruxa* mas não ousam. Sua raiva, expandida, gastar-se-á por si mesma. Mas se fôr espancado, se ouvir sermões, ou se fôr reprimido, aquela raiva pode permanecer ali por muito tempo.

CONVENCIONALISMO

Minha sobrinha, Mary Lou, quer fazer-se dançarina. Os pais estão apavorados. Êles equiparam essa profissão à vagabundagem. O que lhes posso dizer para convencê-los de que minha sobrinha está procurando uma carreira vantajosa?

Pobre Mary Lou! Seus pais, ao que parece, vivem ainda na era vitoriana. Receio que nada do que a senhora possa dizer-lhes ajudará Mary Lou. Êles podem transformar uma Pavlova nata numa secretária comercial, e frustrá-la pelo resto da vida. Parecem-me egoístas até os ossos.

O receio que têm da vagabundagem sugere que para êles sexo significa mal e êrro, pois a palavra *vagabundagem* significa frouxidão no terreno da moral. Eu não sei o que dizer sôbre pais mortos como êsses.

Quando os Mortos Acordam é o título de uma peça teatral. Gente morta jamais acorda.

Receio que a pequena Mary Lou, como milhares de suas irmãs, deva ser sacrificada a um puritanismo de há muito ultrapassado.

DESONESTIDADE

Tenho justificativa pelo fato de mentir, às vêzes, a minha filha?

Posso pensar numa ocasião em que a senhora precise mentir à sua filha. Suponhamos que ela esteja sèriamente doente, no hospital, depois de um acidente de automóvel no qual o pai foi morto. Ela pergunta como vai o papai e a senhora diz que êle está bem. Que *outra coisa* poderia dizer?

Todos dizemos mentiras piedosas. A Srta. Brown canta e eu acho a voz dela horrorosa, mas sorrio e agradeço. Mentiras piedosas são quase sempre ditas para que alguém não se sinta magoado. Uma espôsa pergunta ao marido que tal acha seu chapéu nôvo, comprado numa liquidação. O chapéu é horrível. Mas foi pago e não pode ser devolvido. Que *poderia* o marido dizer, se não fôr um grosseirão?

Acho que deveríamos abolir a exigência de referências. Nenhum empregador quer toldar o futuro de um homem dando-lhe má referência. Por isso é que quando anuncio pedindo um professor costumo dizer: "Não se exigem referências".

Certa vez tive um professor do qual me desejava livrar, mas a covardia moral não me permitia dizer-lhe isso. Por fim êle procurou nôvo emprêgo e pediu-me referências. Dei-lhas, brilhantíssimas. O homem ficou tão satisfeito com minha apreciação que cancelou seu pedido e ficou comigo.

Gosto da história do homem que procurava trabalho como zelador. Seu último empregador escreveu que êle era geralmente honesto. O chefe do pessoal ficou a pensar no que poderia significar o advérbio. Telefonou ao ex-patrão e pediu-lhe que explicasse a frase "geralmente honesto".

"Usei a palavra *geralmente* com sua significação própria, que quer dizer não particularmente", foi a resposta.

Se a senhora diz a uma criança: "Atenda o telefone, querido, e, se fôr a Jones, diga-lhe que não estou em casa", não está causando tanto prejuízo como quando o filho sabe que está vivendo uma mentira, pretendendo que tudo vai bem em seu casamento, e a verdade é que a senhora e seu marido se odeiam mùtuamente. Tenho dito, com freqüência, que é melhor divorciar do que viver uma mentira. Mais de uma vez observei crianças sentindo-se mais felizes depois do divórcio, pois tinham deixado de viver numa atmosfera desonesta, mentirosa.

Sei que muitos pais tentam ser modelos para os filhos. Outros pais sentem-se infelizes quando um filho descobre algo em seu passado. Que o Papai, na escola, era cordialmente desprezado, quando garôto, que Mamãe estava quase sempre em último lugar em sua classe. Conheci muitas mães que não diziam à família a idade que tinham e pais que também jamais diziam às espôsas quanto ganhavam. Possìvelmente muitas mentiras dos pais sejam mentiras defensivas, mentiras para preservar a imagem do pai perfeito, da mãe perfeita. Isso é errado. Seu filho deveria ter consciência de suas virtudes e de suas fraquezas. Isso é muito mais saudável. Seu filho deveria gostar da senhora pelo que a senhora é, e não gostar de alguém que de verdade não existe. Cada garotinho imagina que o pai poderia enfrentar seis homens: é preciso que um pai seja corajoso para admitir que não poderia brigar com ninguém.

Uma das maiores mentiras está na seguinte declaração: "Bem, quando eu era menino, jamais furtei". Qualquer garôto que ouvir essa baboseira saberá, intuitivamente, que ou seu pai foi atemorizado em seu tempo de criança, ou é um esquecediço muito conveniente.

A maior parte das mentiras dos pais brota de tôla noção de que os pais jamais devem confessar que são humanos. Quantos poderiam dar uma resposta honesta a uma criança, se ela lhes perguntasse se jamais se tinham masturbado? Quantas mães confessariam ter tido vida sexual antes do casamento? E a criança moderna fará, de vez em quando, essas embaraçosas perguntas.

Sim, é na esfera do sexo que muitos pais mentem. De onde vêm os bebês? Como são feitos os bebês? Perguntas fáceis de responder, realmente, se os pais são honestos. Penso que a maioria das mentiras dos pais são desnecessárias, e que quase tôdas as mentiras têm a faculdade de voltar ao ponto de partida. Mentiras causam prejuízos sutis, e não muito sutis, tanto aos pais como aos filhos.

DISCRIMINAÇÃO

Vivemos no extremo sul, numa pequena cidade dos arredores de Atlanta. Eu viajo todos os dias para o trabalho, que é bom. Tanto minha espôsa como eu tivemos educação secundária, e ainda assim nossos filhos, Nancy, de onze anos, e Bob, de treze, mantêm forte complexo de inferioridade porque são negros.

Todos na vizinhança, seja abertamente ou não, acreditam que somos inferiores e como inferiores nos tratam, mas sempre senti que nem minha espôsa nem eu deixamos tal atmosfera penetrar em nosso lar. Aqui estamos nós, com dois maravilhosos filhos, cada um dêles pensando que de certa forma são malditos, porque nasceram com a pele prêta.

Essa não é uma pergunta. Apenas um triste relato. Jamais estive no extremo sul, mas o que li sôbre êle me dá náuseas. Não sei se as duas crianças vão a uma escola mista ou segregada. Não sei se brincam com crianças brancas. Parece-me que as crianças brancas são instruídas para odiar desde o berço, pois as crianças não têm, ou têm muito pouco, qualquer sentimento natural em relação a côr.

Em Summerhill, criança alguma parece reparar se a outra é branca ou negra. Numa excursão de conferências pela África do Sul, em 1936, eu, naturalmente, vi a odiosa atitude de brancos para com negros, e contaram-me que a Igreja Calvinista havia aceitado a situação, alegando que a Bíblia diz que o homem de côr deve ser cortador de lenha ou carregador de água. Podridão!

Seria longo demais ir até às razões profundas que estão atrás do complexo de côr, mas, em linhas gerais, penso que os negros figuram, simbòlicamente, como tudo quanto o homem branco odeia em si mesmo. Êles são prêtos, impuros, pois branco é pureza. No alimento, também, há a exigência de arroz branco e pão branco, como se, desnaturando o excelente produto natural, o alimento fôsse purificado. Um criador de galinhas de New Jersey contou-me, certa vez, que tinha trabalhado com Leghorns, sòmente, porque poucos nova-iorquinos comprariam o ôvo moreno que vem da Rhode Island Red.

No fundo, naturalmente, todos os odientos procuram um bode expiatório: Hitler, os judeus; os americanos, os comunistas. Na Inglaterra, também, depois do afluxo de tantos antilhanos, temos agora um complexo de côr.

Como podem as crianças negras escapar dêsse ódio e da intolerância em massa? É uma situação apavorante. Essas duas crianças terão de enfrentá-la. Espero que tenham a integridade e a coragem de passar por cima dessa desumanidade de seus vizinhos brancos. Sem dúvida êsses vizinhos brancos vão à igreja e dizem-se cristãos.

Eu gostaria de lhe poder dar um conselho prático. Não posso. Assim como não posso dar conselho a um anticomunista que viva em Berlim Oriental. Raramente há uma forma de alguém se livrar da armadilha da multidão. A única é a integridade pessoal, a bravura.

> Minha filha tem quinze anos e vai a uma escola, aqui em nossa pequena cidade do Oeste Médio. Na semana passada ela voltou para casa banhada em lágrimas. Foi barrada na associação estudantil a que tanto desejava pertencer, por ser judia. Pouco pude dizer-lhe no sentido de apaziguar seus sentimentos feridos. De alguma forma, está-lhe parecendo que onde há fumaça há fogo. Tem idéia de que deve haver algo de errado com os judeus, senão êles não seriam vistos sob tão horrível aspecto por tantas pessoas. Receio o efeito psicológico. Que posso fazer para amparar seu sentimento de autodignidade? Que posso fazer para provar-lhe que atitudes como aquela a que foi submetida são perniciosas?

De nôvo êsse negócio bestial de anti-semitismo. Quantas crianças judias sofrem na escola e na sociedade? Tive uma aluna de catorze anos que gritou: "Eu daria qualquer coisa para não ser judia". Não é apenas na América que a odiosa abominação floresce. Temo-la na Inglaterra, onde alguns clubes de tênis vetam os judeus. Sim, temo-la em alguns judeus também. Conheci mais de um hebreu que era anti-semita.

O lar deveria ter possibilidade de fazer algo sôbre êsse assunto. Se se trata de um lar onde existe amor, os senhores deveriam falar francamente sôbre a situação por inteiro, ajudando a filha a compreender que êsse grêmio escolar "sou-melhor-do-que-tu" não tem significação em sua vida, que suas companheiras de escola são pessoas de espírito estreito e de almas deformadas. Deveriam trazer tudo à tona, e dar à menina uma visão ampla da vida, da vida que nada tem a ver com credo, classe ou raça.

Muitas são as pessoas pertencentes a um grupo minoritário que se sentem inferiores: negros na Rodésia, judeus na Alemanha, porto-riquenhos em Nova Iorque. Quando emigra para o Sul a fim de ali viver e trabalhar, não há escocês que se sinta inferior a um inglês. Os escoceses têm orgulho de sua raça, e os melhores entre os judeus têm orgulho idêntico. A menina deve ser encorajada a acreditar, não que é um elemento de Povo Escolhido, mas que pertence a uma raça que enriqueceu o mundo com um Freud, um Einstein, um Jonas Salk, com grandes escultores e grandes pintores. A menina deve aprender que quem quer que seja anti-semita é uma pobre pessoa, frustrada, que não pode amar, pode apenas odiar. Ela deveria sentir-se superior a essas estúpidas meninas que dela zombam. Espero que bem depressa comece a ver quanto elas são destituídas de valor e desprezíveis.

Todos somos passivos quanto aos males do mundo. Sabemos que crianças estão sendo assadas vivas no Vietname pelos lanças-chamas e pelas bombas incendiárias. Sabemos que negros são espancados nas cadeias americanas e da África do Sul. Fechamos os olhos à crueldade maciça que existe no mundo e só mostramos nossa indignação e revolta quando os jornais publicam uma estória a propósito de algum cão que foi batido ou morre à fome. Uma ovelha negra desafiando todo o rebanho só pode lançar fraco balido. O remédio decisivo para um mundo doente é representado por muitos desafiadores do poder, muitos desafiadores do ódio e muitos desafiadores de preceitos morais ultrapassados.

Escola

Que podemos fazer quanto ao sistema educacional americano? Minha filha tem catorze anos e odeia a escola. Diz que a originalidade é mal vista, o ensinamento é insípido, algumas de suas professôras são sarcásticas. Que podemos fazer para evitar que ela seja coagida a se tornar uma mulher conformada, que procura uma situação, grande carros, casas confortáveis e uma psicologia morta?

MINHA SENHORA, EU GOSTARIA DE SABER O QUE DEVERIA FAZER. Se está dentro de suas possibilidades, pode mandar a filha para uma escola particular, mais em dia com as linhas nas quais a senhora acredita. Se não pode manter uma escola particular, sua pobre filha está em maus lençóis. Só um esclarecimento e um lar feliz poderão neutralizar a funesta doutrinação e o marasmo da escola habitual. As cartas mais tristes que escrevo são em respostas a garotos e garôtas que me escrevem dizendo-me quanto detestam suas escolas. Respondo dizendo que, por muito que detestem as lições da forma pela qual elas são apresentadas, o maldito sistema é êsse, e a única coisa a fazer é cerrar os dentes e aceitá-lo, passando por êle o mais depressa possível.

As crianças que me escrevem são crianças rebeldes, mas, em sua vasta maioria, crianças jamais desafiam, apenas aceitam a doutrinação. A aceitação torna mais fácil para elas, mais tarde, adaptarem-se à nossa sociedade materialista. E assim o culto do poderoso dólar vai de uma geração para outra. Ai de nós! Pais cujo caráter foi moldado não têm peito nem inclinação para protestar contra um sistema escolar embrutecedor.

Triste confôrto para a senhora e para sua filha. Também não representará confôrto para a senhora saber que há milhares de pais que têm o seu problema. Na Inglaterra acontece o mesmo, apenas, até agora, pelo menos, ainda não chegamos ao estulto sistema americano de submeter a testes todo candidato em perspectiva, testes que, ao que parece, deixam despidos um homem ou uma mulher. Um orador americano para essa espécie de coisa disse pela televisão, uma dessas noites, que êles chegam a investigar sôbre a espôsa do homem, porque se descobrirem que ela é atormentadora ou neurótica o homem não poderá concentrar-se ao seu trabalho.

Satisfaz, pelo menos, saber que muitos pais e muitas crianças da América estão rejeitando tal processo. Estão começando a avaliar o doido sistema de estudos forçados e exames competitivos e vendo-os à sua verdadeira luz. Chamem êsse sistema o que quiserem, mas não o chamem educação!

> Minha filha tem agora sete anos. Estêve na escola um ano e detesta-a. Diz que as professôras são mesquinhas para com ela. Estive conversando com a professôra de minha filha e tive a impressão de que ela não é pròpriamente uma estrêla no firmamento da educação.
>
> A lei, aqui em Massachusetts, entretanto, insiste em que minha filha vá à escola, e as autoridades locais dizem que minha filha tem de ir para essa escola em particular. O diretor declara que transtornaria todo o currículo se transferisse minha garotinha para outra classe, já que abriria um precedente para que tôdas as meninas da escola pedissem transferência para outra classe.
>
> Assim, minha garotinha está prêsa à sua classe. Escrevo para lhe pedir algumas palavras de orientação. Que posso fazer ou dizer à menina para tornar mais leve sua carga? Receio, entre outras coisas, que se possa desenvolver nela um ódio, através da vida pelo estudo ou pelos trabalhos escolares.

Oh! Essas escolas! É incontável o número de cartas que tenho recebido de crianças da América, dizendo que detestam as suas escolas.

Essa pobre criança é vítima da organização — organização que coloca a criança, individualmente, numa categoria, a fim de fazer a vida do professor a mais fácil possível. É simplesmente escandaloso que qualquer criança, de qualquer idade, possa dizer: "Detesto a minha escola."

Receio que a produção em massa tenha surgido para ficar, tanto no comércio como na educação. Estampar tôdas as crianças com a mesma tintura. Educá-las de forma que jamais se tornem rebeldes. Deixar que aquêles sujeitinhos sofram durante o processo: êles não têm importância. O que importa é o sistema compulsivo, a moldagem do caráter, de fôrma que todos pensem da mesma forma, vistam da mesma forma e falem da mesma forma. Antes de mais nada, uniformidade! E milhares de pobres crianças, indefesas, choram e são desditosas, em suas escolas-fábricas.

Sempre a mesma estória: "Detesto a minha escola. Meus professôres tornam tôdas as lições insípidas. Não aceitam respostas que não estejam nos livros. Insistem numa porção de regras tôlas, tal como não falar nos corredores, quando mudamos de sala."

Perseguir crianças dessa maneira é apavorante. Vidas jovens devem ser esmagadas por autoridades guinchadoras, de inteligência rudimentar! O amor natural do estudo deformado pelo ensinamento insípido. É de fazer chorar. Receio que a maioria dos professôres odeie a si próprios.

Um egocentrismo tal! O professor de Matemática pensa que a matemática é o centro de tôda a vida — para êle nada mais conta. O professor de Geografia acredita que saber qual a capital de Madagascar é mais importante do que jogar *baseball*.

A senhora, pobre mulher, está contra um sistema que não só tolera professôres de espírito estreito como, ao que parece, seleciona-os. A educação será uma arenga estúpida enquanto não enchermos nossa escola com homens e mulheres que amem e entendam as crianças.

Bernard Shaw disse, uma vez: "Quem pode, cria; quem não pode, ensina."

Quantos professôres são capazes de criar? Quantos professôres de Inglês chegaram a escrever um bom livro? Quantos professôres de Arte já produziram um quadro bastante bom para ser exibido? Acredito que muitos de meus antigos alunos não querem tornar-se professôres porque são demasiado bem equilibrados, demasiado vivos para enfentrar um sistema onde esperam que êles se transformem em "posudos" a pedir obediência e deferência.

Mas que pode a senhora, uma mãe, fazer? A única coisa é tentar neutralizar o estúpido sistema dando à filha liberdade no lar.

Meus dois filhos, uma menina de nove anos e um menino de dez, detestam a escola pública. Não tenho possibilidade de mandá-los para uma escola particular, e a lei não permite que eu os retire da escola. Que posso dizer, quando eu própria acredito que a escola dêles não é progressista e, em grande parte, mostra-se sem eficiência? Suponhamos que eu concorde com êles em que a professôra é uma ignorante. Isso far-lhes-ia algum bem? Ou torná-los-ia infelizes?

Êles já parecem sentir-se suficientemente infelizes. O fato de a senhora lhes dizer que a professôra é ignorante não faria qualquer diferença. Essa é uma pergunta que me preocupa, porque é uma dentre a quantidade de cartas dos Estados Unidos. E a pergunta me preocupa porque não posso encontrar uma solução. O Estabelecimento(*), a maioria compacta, acredita no sistema. O Estabelecimento tem o poder de impô-lo. O marasmo e o tédio de certos assuntos escolares transferem-se para os professôres, e assim as escolas estão cheias de homens e mulheres de mentalidade estreita, que se julgam importantes, cujo horizonte se vê barrado pela lousa e pelo livro de texto. Se quiser compreender quanto estão mortos certos professôres, leia qualquer jornal educacional.

Reformas chegam, habitualmente, três gerações depois daquela em que foram propostas. Um dia, haverá leis sôbre homossexualidade, abôrto, punição legal — e educação. Hoje, a minoria apenas pode suspirar e suportar tôdas as idiotices a que chamamos escolaridade. A terrível tragédia é que a massa das crianças aceita os padrões insanos das escolas, mas ao preço horrendo da perda de sua liberdade interior. Nossas escolas produzem uma raça de almas mortas que estão à mercê de políticos, de fazedores de guerras e de aproveitadores.

A senhora, pobre mulher, está em aperturas, e seus filhos parecem-se a borboletas prêsas num tubo de vidro. Nada posso dizer que lhe traga algum confôrto.

Mas a senhora deveria dizer a seus filhos exatamente o que sente sôbre a escola. É a única possibilidade que êles têm de

(*) A Igreja Anglicana, como símbolo de tudo quanto é institucional. (Nota do Trad.)

fugir à doutrinação do Estado. Ter a mãe a seu favor é um grande confôrto.

> Detesto minhas lições. Por que preciso estudar matérias como Geografia, História, Matemática e Inglês? Êsses estudos me farão algum bem?

Esta pergunta vem de Sônia, de catorze anos, Cleveland, Ohio. Se eu fôsse um gentil e respeitável diretor de escola diria: "Sônia, minha querida menina, você é jovem demais para saber o que é bom para você. Ensinamos essas matérias porque elas a tornarão uma jovem educada quando crescer. Êsses estudos ajudarão você a raciocinar, especialmente a Matemática. A História mostra o que aconteceu no passado e se tornará um guia, mais tarde, quando você tiver de enfrentar situações difíceis."

Mas, não sendo eu um gentil diretor de escola, Sônia, faço eco da sua pergunta e indago que bem, com os diabos, fazem êsses estudos a alguém que não escolheu o conhecimento de sua livre vontade. Anos atrás, no curso colegial, tive nota 95 em História. Se alguém hoje me perguntasse sôbre os mais simples fatos da história da Inglaterra, eu não saberia responder às perguntas. Por quê? Porque nunca estive interessado na história da Inglaterra. Que bem me fêz todo aquêle estudo? O tempo usado em amontoar fatos inúteis roubou-me horas preciosas que eu poderia ter gasto em fazer coisas de que então gostava.

Sônia, a não ser que você se torne uma professôra ou uma cientista, jamais fará uma simples equação em sua vida. A não ser que você faça um tipo de trabalho muito particular, jamais se recordará das exportações de Camboja e não quererá — depois de seus exames — saber quais são elas.

Possìvelmente, um dos poucos fatos que você recordará sôbre a história americana será que George Washington não sabia dizer uma mentira. Ninguém lhe dirá que alguns de seus sucessores não podiam dizer a verdade.

Muitas matérias, na escola, são puro desperdício do valioso tempo da juventude. Eu gostaria de ver as escolas transformadas em lugares criadores. Mas o que podemos eu e você fazer, Sônia? Estamos ambos na mesma dificuldade. Também eu tenho de ensinar certas matérias em minha escola, por causa do sistema de exames. Todos os rapazes e môças de hoje sentem a pressão das escolas, todos sabem que seu futuro depende de um diploma.

Um dos meus antigos alunos tem hoje dezenove anos. Seu professor diz que êle é um músico nato. Procurou, em Londres, uma academia de música. Foi recusado, por não ter passado nos clássicos exames padronizados. Muito breve um Picasso não poderá entrar numa escola de arte.

Recebo muitas cartas melancólicas de escolares americanos: "Posso ir para Summerhill? Detesto minha escola, detesto as insípidas lições e os ensinamentos padronizados que matam qualquer tentativa de pensar com originalidade." Alguns dizem: "Meus professôres são sarcásticos."

Só posso responder, tristemente. "Enfrente os estúpidos estudos e aguarde, esperançosamente, o dia em que deixará a escola e iniciará sua verdadeira educação."

Por que o senhor diz que uma das características necessárias ao professor é o senso de humor?

Não sei por quê. Apenas sei que sem humor nos tornaremos realmente um perigo para a criança.

Humor, para uma criança, significa camaradagem, falta de respeito e falta de mêdo. Significa afeição da parte do adulto. As crianças de escolas estão muito desacostumadas de sentir humor em seus professôres. Quando eu digo a um nôvo aluno de dez anos: "Estou procurando Neil. Você sabe onde êle está?", o garôto olha para mim como se eu fôsse louco. Tentei fazer isso com uma garôta de onze anos que havia três dias estava conosco. "Com os diabos" — disse ela, com tôda naturalidade — "agora mesmo êle virou ali no corredor."

Humor, um dom inapreciável, está quase completamente ausente da educação das crianças. Diga a um menino da escola que um polígono é um papagaio morto e êle, com tôda certeza, recordará a palavra.

As crianças pequenas têm, antes, um senso de brincadeira do que um senso de humor. Pergunte a uma menina de dez anos quantos pés há numa jarda. Ela lhe dirá. Então pergunte quantos pés há em Scotland Yard(*) e ela pode ficar olhando para você. Um dos meus alunos, habituado às brincadeiras, imediatamente respondeu: "Depende do número de guardas e dactilógrafos que estejam no prédio."

Humor denota igualdade. Humor é mantido longe das salas de aula, propositadamente, porque humor é nivelador. Humor matará o respeito que o professor pede, porque seu riso, misturando-se ao de seus alunos, torna-lo-ia humano.

Tive muitos professôres que jamais criticavam uma criança, receosos de se fazerem impopulares. Torcia-se para que isso não acontecesse. Os alunos viam através dessa atitude, e desprezavam o que a tomava. A moral é que jamais se pode comprar amor.

Os melhores professôres são os que *riem* com os alunos; os piores são os que riem dos alunos. Todos conhecemos o desagradável tipo de professor que faz a classe rir de um de seus membros. Imagine-se como se sente o que foi tomado como alvo do escárnio.

Fico a cismar na razão pela qual o humor se tem tornado suspeito em tantos caminhos da vida. Dizem que o falecido Adlai Stevenson deixou de ser presidente dos Estados Unidos porque tinha demasiada tendência para fazer piada. Imagino que todos os primeiros-ministros da Inglaterra estudam seus discursos com todo o cuidado, para terem certeza de que não serão acusados de serem tipos engraçados.

Quando eu era jornalista na Fleet Street, mandaram-me entrevistar George Robey, comediante que muitas vêzes me fizera rir, quando o via no palco. Mas quando o conheci fora dêle percebi que em tôda a minha vida jamais me encontrara diante de homem tão solene e tão pessimista. Que choque!

Isso me faz lembrar da velha estória de um pobre homem que foi visitar o psicanalista por causa de seu pessimismo. O doutor deu-lhe um tapa nas costas, dizendo: "Você precisa divertir-se. Vá ver aquêle grande palhaço, o Grimaldi." "Ah!" — suspirou o paciente — "*Eu sou* Grimaldi."

Um professor sem humor é um perigo, porque o humor é uma válvula de segurança. Se um homem não sabe rir de si próprio,

---

(*) Nome dado ao local onde se acha instalada a Polícia Metropolitana em Londres. Jôgo de palavras, porque Yard significa jarda.

está morto antes da morte. Alguém escreveu, certa vez, que a maior parte dos homens morre quando tem quarenta anos, mas só é enterrada aos setenta. Êsse alguém deve ter pensado nos homens destituídos de humor.

Na Bíblia não há um único riso. Também não há risos nos livros escolares de texto. Ver Charlie Chaplin em "O Grande Ditador" seria muito mais salutar para as crianças do que ler um livro de história sôbre Hitler e Mussolini.

O filho de um amigo queria deixar a escola, mas o pai não consentia em tal coisa. Embora as notas dêle fôssem medíocres, o rapaz conseguiu completar o curso ginasial. Hoje, êsse môço é estudante voluntário e apaixonado numa escola de Arquitetura, na qual não poderia ter ingressado se não tivesse concluído o colegial. Mostra-se grato ao pai por tê-lo obrigado a permanecer no colégio. Não é verdade que, às vêzes, uma criança não pode julgar o que é melhor para ela, a longo prazo, e tem de ser forçada a fazer o que não quer fazer?

Uma boa pergunta, realmente! Qual será a seqüência eu não posso saber, nem ninguém pode, a esta altura. E a seqüência é o que conta.

Falando genèricamente, um rapaz que foi forçado a fazer algo carece de coragem para resolver por si próprio. Quando não tiver ninguém — como um pai — para dizer-lhe o que fazer, pergunto que iniciativa mostrará êle na vida.

Em Summerhill jamais tentamos forçar quem quer que seja a estudar. Se o fizéssemos, o efeito seria igual a zero. Esta conclusão baseia-se numa vida de experiência. Mas posso pensar em casos nos quais um pontapé nos fundilhos atirará um rapaz para a frente, pelo menos naquele momento. Ainda assim devo olhar para além daquele momento. Vejo um mundo cheio de gente que foi forçada a seguir profissões e exercer ofícios que não escolheu por si próprio. E êsse não é um mundo agradável.

Quando eu tinha catorze anos, mandaram-me a uma distância de 100 milhas para ser escriturário numa fábrica de medidores de gás. Fui um fracasso no emprêgo e então passei a aprendiz de fabricante de cortinas. Detestei ambos os trabalhos. Tive a sorte de me livrar dêles, mas milhares de outros homens têm de ficar tôda vida num emprêgo que detestam. O mundo está cheio de homens e mulheres resignados, que atravessam a vida detestando seu trabalho. Mas não devemos dogmatizar. O garôto em questão poderá vir a ser um sucesso. Se isso acontecer, podem classificá-lo como exceção.

É natural que os pais tenham de decidir sôbre algumas coisas para seus filhos — a que escola irão, por exemplo. Mas se os pais, depois de terem escolhido a escola, disserem: "Você deve estudar Latim", estão indo além de seus direitos. A velha e respeitada alegação "somos mais velhos, sabemos mais", pode estar miseràvelmente errada.

"Sofri na vida porque não estudei línguas modernas, e insisto em que meus filhos estudem francês e alemão". Numa declaração dêsse tipo quanto existe de preocupação paterna pelo futuro do filho e quanto pode ser levado à conta de ambição pessoal?

Sua pergunta levanta todo o complexo de educação. As crianças, na escola, são forçadas não só a ir às aulas como também a aprender matérias que não escolheram. Daí o estabelecimento, daí a vasta maioria de pessoas que nunca desafiam, daí os milhões de outras cujas vidas são dominadas pelos seus empregos. Um pai pode forçar um filho a completar seu curso colegial, mas não pode forçá-lo a ser criador ou feliz, ou equilibrado. A história nos fala de pianistas famosos que foram forçados, desde crianças, a tocar durante horas, mas imagino quantos dêsses musicistas se tornaram, realmente, sêres humanos felizes.

Quando um pai compele o filho a seguir determinado caminho, exerce fôrça. Mas devemos distinguir entre fôrça e conselho, entre pressão e sugestão. Umas semanas atrás, tive um jovem visitante americano, que disse desejar tornar-se professor, mas receava que teria de abandonar seu curso de colégio, porquanto era demasiado insípido. Pedia meu conselho. Eu disse: "Não dou conselhos, tudo quanto faço é colocar diante de você as alternativas. Você diz que quer ensinar crianças. Muito bem. Mas ninguém deixará que seja professor de crianças a não ser que tenha as qualificações oficiais; portanto, a coisa deve ser resolvida por você, meu amigo". Essa tirada não o estava forçando, mas, simplesmente, representava bom senso, que meu ouvinte poderia aceitar ou rejeitar.

Voltando ao nosso jovem arquiteto. Foi o rapaz educado com tamanha severidade que inconscientemente se rebelava contra o pai? Foi o mêdo que o levou a obedecer às ordens paternas e continuar estudando? Teve o rapaz a ambição de ser algo não acadêmico, um artista, músico, ator?

Sim, sim, nesse caso concordo em que o pontapé nos fundilhos resolveu, mas prefiro uma situação em que o *rapaz* saiba o que deseja na vida, e, compreendendo qual é sua meta, atravesse o monte de estêrco de escola, para ir adiante, cheirar as rosas.

Conheço demasiado os tipos que se gabam de terem sido forçados à disciplina desde cedo: "*Meu pai espancava-me quando criança sempre que eu errava, e eu sempre lhe fui grato por isso. Êle fêz de mim o que sou.*" Nunca tive a coragem moral de perguntar, docemente: "E, exatamente, o que *é* o senhor?"

> Meu filho gosta do ginásio e diz que está ansioso para fazer colégio e faculdade de Medicina. Entretanto, não se aplica muito em seu trabalho escolar. Consegue apenas as notas suficientes para passar. Se assim continuar, jamais poderá fazer a faculdade de Medicina. Como posso levá-lo a compreender, sem exercer pressão sôbre êle, que o que está fazendo agora afetará seu futuro?

Há algo errado aqui. Seu filho, diz o senhor, deseja ir para o colégio, mas o fato é que sua atuação desmente o desejo. Parece-me que seu declarado desejo de ir para o colégio não passa de uma atitude para ser agradável aos pais. Ou talvez seja, simplesmente, aquela atitude de "*é melhor que eu faça o que outros camaradas fazem*".

Tive estudantes em Summerhill que fizeram colégio, e alguns se tornaram mesmo professôres mas, em todos os casos, não houve pressão exterior, nem sugestão. Aquêles garotos *sabiam* o que queriam e aplicaram-se resolutamente, aprendendo as matérias necessárias. O desejo de êxito deve vir de dentro.

Conheço um rapaz de dezenove anos – não é dos meus alunos – cujo pai é médico. O rapaz diz também que quer ser médico. Mas não pode concentrar-se em Anatomia e Fisiologia. Sua mente está em carros, e êle gostaria, realmente, de dirigir uma garagem. Durante quatro gerações a família tem sido, tradicionalmente, voltada para a Medicina. Espero que o rapaz fracasse nos exames e abra a sua garagem. Porque isso é o que êle *realmente* deseja.

Se seu filho deseja tornar-se um médico, estudará para isso. Por que deveria o *senhor* preocupar-se? A vida é dêle, e êle a viverá de acôrdo com o caráter *dêle*, com as possibilidades *dêle* e com as ambições *dêle*.

Em nossa sociedade doente, invejosa, os pais da classe média têm, com freqüência, uma fobia: "*Se meu filho não tiver um diploma de ensino secundário, descerá em sua esfera social e acabará sendo um trabalhador manual. O mínino que podemos desejar para êle é que arranje um lugar onde use colarinho e gravata. Queremos que tenha êxito na vida.*"

Com demasiada freqüência, na extensão da palavra "êxito", o fator felicidade pessoal é ignorado. Um pai equilibrado não dará a mínina importância se o filho vier a tornar-se um motorista de táxi ou um magnata. O que o preocupará será o seguinte: "Meu filho é um homem feliz? Honra a espécie humana?" Seja como fôr, o senhor não pode fazer muito pelo rapaz, agora. Tenha a sensatez de deixar o môço em paz.

Jamais tive um aluno que se saísse bem no colégio quando sua razão era apenas agradar aos pais. Muitas vêzes tive de dizer a certos pais: "Enquanto os senhores ficarem animando o filho para passar nos exames, êle não passará." Os pais devem confiar nos filhos, devem confiar nas motivações dos que são mais jovens, e não viver, de nôvo, substitutivamente, suas próprias vidas, através das realizações de seus rebentos.

Seu rapaz deve ter interêsses vitais. Ao que me parece, a grande ambição dêle é tornar-se trombeteiro de *jazz* num conjunto. Seja o que fôr o que o rapaz deseje, isso será mais importante para êle do que a Medicina.

Lamento, senhores pais, mas só um conselho lhes posso dar: "Deixem o môço em paz."

O senhor disse que as crianças de Summerhill não são forçadas a ir às aulas. Como podem crianças que não são obrigadas a ouvir as lições competir com estudantes das escolas públicas, que foram forçados a aprender certas matérias?

Penso que a resposta é clara. Meus alunos, em Summerhill, estudam voluntàriamente, portanto estudam com animação. Em contraste, milhões de alunos de escolas públicas são obrigados a estudar, mesmo quando detestam a matéria. Levei sete anos a aprender o latim necessário para entrar na universidade. Um dos meus rapazes conseguiu o mesmo padrão de eficiência em latim em quinze meses. Por que aconteceu isso? Porque o rapaz *queria* estudar latim, e eu não.

Algumas matérias escolares são insípidas e aborrecidas para os que não desejam realmente estudá-las. Quantos dos meus leitores – os que têm certificado de ginásio – podem, agora, extrair corretamente uma raiz quadrada ou resolver uma equação de segundo grau? Quantos sabem seja o que fôr sôbre a Guerra do Rei Felipe, que estudaram quando deveriam estar aprendendo a história colonial americana? E quantos de vocês, leitores, estão dando a mínima importância à Guerra do Rei Felipe?

Contudo, o sistema de exames aí está, e não pode ser desviado. Moços e môças de Summerhill sabem que têm de passar nos exames, se querem ir para o colégio. Quando chega a ocasião de estudar, aplicam-se, resolutamente, ao necessário e árduo estudo – isto é, os que querem ir para o colégio. Liberdade dá coragem às crianças. Crianças que não sofrem pressão sabem enfrentar dificuldades, quando elas aparecem.

É possível para um professor usar os princípios de Summerhill numa escola pública oficial?

Numa escola pública, o trabalho principal consiste em aprender matérias. Freqüência às aulas é compulsória. Alunos indiferentes à Matemática são forçados a sentar-se ali e fazer o que podem. Deve haver disciplina e ausência de ruído. Mas as crianças livres fazem muito ruído. Numa escola convencional tudo é contra o professor – os edifícios, a falta de espaço para brincadeiras de verdade, a disciplina militar – realmente todo o sistema.

Qualquer professor jovem, numa escola grande, descobrirá que é impossível afastar-se de maneira apreciável do currículo escolar, ou, mesmo, das tradições e costumes da escola. Um professor de escola oficial não pode usar de tôda liberdade que gostaria de ter. Na verdade, pode estar do lado da criança, dispensar castigos, mitigar algum trabalho para fazer em casa, ser humano, pode, mesmo, ser jovial. Contudo, na sala de aulas habitual, superlotada, um professor com essas tendências libertadoras pode encontrar tôda sorte de dificuldades.

Um de nossos antigos alunos fêz-se professor numa escola na qual havia muitos garotos rudes. Disse-me: "Comecei com as idéias de Summerhill, mas tive de abandoná-las. Se eu fôsse amável com tipos duros êles me tomariam por molenga, e então minha sala de aulas se transformaria numa balbúrdia". Aquêle jovem professor estava combatendo o sistema. Tinha pouca probabilidade de êxito. Seu diretor não suportaria a balbúrdia, nem qualquer argumento que dissesse ser aquela balbúrdia apenas um estágio e que, depois que ela se gastasse sòzinha, a classe se en-entregaria realmente aos estudos.

A desvantagem quanto a levar liberdade a uma escola pública não está apenas no fato de as autoridades não acreditarem em liberdade, mas no fato de a maioria dos pais não acreditarem em liberdade! É demasiado grande o número de pais e mães que vêem na escola um lugar no qual os filhos faltosos serão disciplinados. Há cinqüenta anos, numa aldeia escocesa, tive experiência dessa atitude dos pais. Era eu um jovem professor, e fui repreendido por um grupo de pais encolerizados: "Mandei meu garôto para a escola a fim de aprender lições, não para brincar o dia todo!"

A dádiva da liberdade é possível em Summerhill porque é sob essa condição que aceitamos meninos e meninas. Além disso, muitos dos pais de nossos alunos acreditam em liberdade para os filhos, e é por essa mesma razão que escolhem a escola.

TAREFA PARA CASA

Sou professor. Se a tarefa para casa é tão horrível, como se explica que alguns de meus alunos a peçam?

Não faço objeções à tarefa para casa quando são os alunos que o pedem. Naturalmente que não.

Se algum dos meus alunos me pede que lhe passe uns tantos problemas de Geometria para resolver à noite, fico contente. Faço objeção é às muitas horas noturnas de trabalho a que se obriga crianças de escola, em relação a assuntos nos quais elas não têm um interêsse específico. A prova do que digo é que em quase tôdas as escolas haveria regozijo se se abolisse a tarefa para casa.

Minha filha de onze anos não quer fazer a tarefa que traz para casa e está se saindo mal na escola. Se repetir o ano, vai sentir-se infeliz. Devo obrigá-la a estudar, ou devo deixá-la perder o ano?

Minha senhora, *não* pode obrigá-la.

Ela já sabe quais as conseqüências e fêz sua escolha. Sua filha está viva e mostra um saudável espírito de crítica do sistema, recusando-se a tomar parte nêle.

Como pode a senhora, sòzinha, remediar uma situação em que sua filha é vítima de um sistema bárbaro? Que bem jamais fêz a quem quer que seja a tarefa para casa? Estudo em casa — forçado — é estudo MORTO. Êsse estudo forçado afasta violentamente a criança de suas horas de brinquedos. A tarefa para casa é ressentida porque não tem lugar legítimo no senso de vida de sua filha.

Ocorre-me uma coisa: Talvez sua filha não seja feita para a erudição. Talvez seu interêsse natural não gravite em tôrno de estudos. Deve a senhora inculcar-lhe à fôrça seus valores e suas ambições? Muito melhor para ela é ser uma criatura humana e feliz sem o diploma de colégio, do que uma neurótica infeliz lutando contra seus ímpetos interiores, armada apenas de um diploma secundário.

Sexo

EDUCAÇÃO SEXUAL

Como se deve tratar a educação sexual?

HÁ SÒMENTE DUAS MANEIRAS DE TRATAR AS QUESTÕES DO SEXO. Uma é a maneira moral e religiosa: sexo é pecaminoso, errado, sujo. A outra maneira é ser realista quanto ao assunto.

A instrução sexual numa escola deve ser algo pálido. Os pais jamais suportariam uma lição que falasse na parte emocional do sexo, ou uma conferência em que se tratasse claramente de felicidade suprema trazida pelas relações sexuais. Ordena-se que a escola trate apenas dos mais simples fatos da fisiologia. Pessoalmente, se sexo tem de ser ensinado dessa maneira negligente, não vejo razão alguma em ensinar sexo.

Do ponto de vista da segurança, uma jovem só tem de aprender que as relações sexuais sem anticoncepcionais podem levar à gravidez. Em ambos os casos devem ouvir, muitas e muitas vêzes, que as doenças venéreas são reais e perigosas. Numa boa sociedade não deveria haver necessidade de instrução sexual: o assunto surgiria naturalmente, e livremente, diante de adolescentes, na educação do lar, e seria tratado pelos pais, livremente. E naturalmente.

Não acho que se deva dizer demais ao adolescente sôbre a técnica de fazer amor. Um dos deleites do sexo é a descoberta dessas técnicas.

A maioria das crianças consegue informações sôbre sexo com outras crianças. A maioria das informações assim obtidas é deformada, pornográfica e sadista. O resultado é que muitíssimas luas-de-mel são uma experiência em estupro, e demasiadas são as mulheres casadas que desde a primeira noite se encheram de horror pela vida sexual.

MASTURBAÇÃO

Meus filhinhos começaram a brincar com seus órgãos genitais, um com o outro, e com crianças do vizinho. Ralhei e espanquei-os. Como posso fazê-los parar com isso?

A certa altura tôdas as crianças brincam com os órgãos genitais — habitualmente sentindo-se culposas porque os pais fazem daquilo um pecado, já que há senso de culpa nos adultos em relação ao sexo. Quantos homens impotentes e mulheres frígidas devem sua desgraça a punições que muito cedo receberam por causa de brincadeiras com os órgãos genitais? Pais sensatos deixam os filhos em paz e ignoram êsses brinquedos. Pais ainda mais sensatos sorriem e aprovam.

Se as crianças mexem com o nariz umas das outras, os pais sorriem. Que há de errado no mexer com o sexo? Por que são os órgãos genitais odiosos? Sexo ali está, para ficar. Sexo dá prazer. Tal foi o arranjo que a Natureza fêz para assegurar a continuidade do animal humano.

Quando a brincadeira sexual é aprovada pelos pais, a criança não se fixa nessa fonte de prazer. Mas a melhor maneira de fazer da masturbação um complexo de culpa, que se leva para a vida adulta, é rotular a masturbação como coisa má e suja. Uma criança que se masturba ou que tem brincadeiras sexuais com aprovação dos pais consegue a melhor possibilidade de se tornar um bom amoroso — um amoroso que mostra ternura e alegria. A miséria universal do sexo vem, amplamente, do anti-sexo paterno. Se não acredita que sofremos da miséria sexual, leia os relatórios Kinsey, uma revelação da hipocrisia.

De vez em quando, meu filho de cinco anos dá-se à masturbação. Jamais foi refreado por mim ou por meu marido. Não tem qualquer sensação de êrro ou vergonha. Às vêzes, para

embaraço tanto meu como de meu marido, êle se diverte consigo mesmo diante de outras pessoas que nos visitam. Como devemos tratar êsse caso?

Sob circunstâncias idênticas, um psicólogo meu amigo disse a seu filho de seis anos: "Tommy, sua mãe e eu gostamos que você brinque com seu pintinho, mas não deve fazer isso quando há pessoas estranhas presentes porque essas pessoas acham que é errado você brincar com seu pintinho. Nós não achamos. Portanto, brinque à vontade com seu pintinho, mas quando estiver sòzinho e não houver visitas por perto".

Talvez um menino de cinco anos não tenha ainda a sofisticação necessária para compreender esta fala; ela, porém, deve ser tentada.

Minha filhinha de quatro anos entrega-se com freqüência, a brincadeiras genitais. Sei que isso é bastante comum com meninos, mas não será anormal em meninas?

Brincadeiras genitais são comuns entre meninas como o são entre meninos; apenas não parecem tão fàcilmente notadas. Meninazinhas muitas vêzes esfregam-se contra a margem de uma mesa, ou têm sensação sexual cavalgando um cavalo de pau. Ou, sob as roupas de cama, elas simplesmente titilam a vagina.

Mãe sensata jamais interferirá.

NUDEZ

Meu marido e eu temos um sentimento muitíssimo forte em relação à santidade e dignidade do corpo humano. Achamos que não há necessidade de escondermos o corpo sob roupas. Fizemos de andar nus pela casa, um hábito. Alguns dos meus amigos dizem que criar um filho em atmosfera de nudez pode despertar reação sexual desfavorável. Acha que é assim? Acha algum mal no fato de meu filho de onze anos e suas irmãs de dois e de nove anos verem a nudez uns dos outros?

Cara senhora, por que dar ouvidos a seus amigos nessa questão? Êles têm complexos sexuais. Para êles sexo é mau e sujo.

"Reação sexual desfavorável!" Que querem dizer com isso os seus amigos? Que há de desfavorável com o sexo? Ignore seus amigos, senhora. Ignore os mortos. A nudez no lar é excelente e natural.

Seus filhos, mais tarde, evitarão muito o sexo doentio. É improvável que um dêles se torne um "voyeur", pois que terão visto tudo quanto há para ver. Ao contrário de muitos adolescentes reprimidos, não rirão obscenamente quando um seio, um corpinho, um vaso sanitário ou a coxa de um mulher aparecerem numa tela de cinema.

MASCULINIDADE E FEMINILIDADE

Acha que, por natureza, rapazes e môças tenham interêsses diferentes?

Acho. Houve tempo em que eu supunha que interêsses fôssem determinados pelo costume e treinamento. As meninas faziam as tarefas caseiras enquanto não se esperava que os rapazes fizessem coisa alguma em casa. Era assim, quando eu fui rapaz. Rapazes consertavam bicicletas, môças jamais faziam tal serviço. Meninas cosiam e tricotavam, enquanto seus irmãos jogavam fubeca. Eu pensava que quando ambos os sexos tivessem liberdade, essas diferenças desapareceriam. Estava errado.

Meninos de Summerhill consertam bicicletas, ajeitam seus aparelhos de rádio, fazem coisas na oficina: armas, espadas, botes, aviões, caixas. Raràmente uma menina entra na oficina e raramente um menino vai à aula de costura. Ambos os sexos fazem trabalho de cerâmica e bandejas de metal na oficina própria. Não há grande diferença entre êles no que se refere a lições; ainda assim é possível contar pelos dedos as meninas que gostam de Matemática. Algumas gostam de Álgebra, mas a maioria delas evita a Geometria.

Ambos os sexos gostam de dançar, de pintar, de representar, de jogos coletivos. Muitos rapazes constroem cabanas nas árvores e algumas das meninas também fazem isso. Rapazes cavam buracos e os transformam em túneis, coisa que as meninas jamais fazem. A liberdade não altera a inata predileção dos sexos.

MENSTRUAÇÃO

Quando devo falar a minha filha sôbre os períodos?

Bem antes da época em que êles se devem iniciar. Conheço meninas que entraram em pânico quando lhes vieram as regras e pensaram que iam morrer.

CIRCUNCISÃO

Não sou judeu, mas alguns dos meus amigos, que não o são, fizeram circuncidar os filhos. Devo seguir-lhes o exemplo?

Por quê? A conselho médico? Seja qual fôr sua história a circuncisão é uma castração simbólica. O rito tem a intenção de enfraquecer o sexo da criança. O falatório a propósito de moléstias venéreas é pura racionalização.

Há alguma prova de que os não-circuncidados sofram mais de moléstias venéreas de que os circuncidados? A circuncisão é um costume bárbaro e cruel que pai algum, com humanidade, deveria tolerar. Os selvagens mutilam o rosto, alguns colocam anéis nas narinas. E nós, as raças superiores, sorrimos de suas infantilidades. Somos menos selvagens quando mutilamos o pênis de um bebê?

Assim, meu caro interrogador, aconselho-o a não ser influenciado pelo que os vizinhos pensam, ou, nesse assunto, pelo que dizem os especialistas. Qualquer mutilação traz vergonha e inferioridade. Homens que perdem um ôlho ou um membro na guerra sofrem, habitualmente, de grande senso de embaraço. Em última análise, imagine os sentimentos de um homem, num campo de nudistas, usando uma funda. Mesmo as dentaduras são fonte de vergonha para muita gente. Mais de uma vez discípulos circuncidados se recusam despir-se diante de outros meninos. Estou convencido de que, inconscientemente, os jovens circuncidados podem sentir que perderam algo, que foram privados de alguma coisa muito importante.

Não faça nada ao seu bebê que o leve a sentir-se menos homem, mais tarde, na vida.

ANTICONCEPCIONAIS

Minha filha adolescente deseja ter vida sexual. Deveria mandar colocar-lhe um diafragma?

Cara senhora, a senhora pode dizer "não", e então terá uma dor de cabeça de cada vez que ela sair com um namoradinho. Ficará rígida de preocupação, não vá ela aparecer grávida. Quando a môça fôr a uma festa a senhora temerá que beba demais e esbarre depois numa cama, com um rapaz que também tenha bebido demais. Na verdade, essa situação pode surgir mesmo que a senhora a tenha equipado convenientemente, pois ela talvez não tenha sempre consigo um anticoncepcional.

A senhora pode deixar que ela use "a pílula", mas, tendo consentido, sentir-se-ia feliz? É a sua atitude negativa — seu mêdo do sexo — que lhe dá tanta preocupação. Mais importante, sua preocupação transmite-se a sua filha e dá-lhe sensação de culpa. Ela não só está frustrada devido a desejos sexuais reprimidos como ainda luta todo o tempo contra os valores maternos, que estão em desacôrdo com os dela.

Deve-se atentar para o sexo. Se fôr barrado de sua derivação natural, pode tomar o caminho de masturbação, que nunca chega a ser inteiramente satisfatório. O sexo natural significa dar e receber. E ternura. O sexo de sua filha pode ser sublimado ou, pelo menos, poderá parecer que o está. Ou a reprêsa poderá rebentar, e a môça encontrar-se-á, de repente, numa complicação.

Comparada com a Suécia, a América está bem atrasada no tempo. Na Suécia não é vergonha ter um filho ilegítimo, e o Estado, em seu auxílio às mães, não faz diferença entre a mãe casada e a mãe solteira. Acho que a América vive no mêdo — mêdo do comunismo, mêdo do sexo, mêdo de uma condição social inferior, mêdo de renda pequena, e, pior do que tudo — mêdo de que os jovens desafiem as opiniões e os desejos dos mais velhos.

A família, nos Estados Unidos, pode ser uma instituição das mais compulsivas — e não só a família que doutrina segundo uma religião — mas também a família liberal, que toma parte em demonstrações contra a guerra no Vietname, que combate o preconceito de côr e as leis divorcistas ultrapassadas. Não é raro que uma dessas famílias tome a mesma atitude repressiva para com os filhos, das famílias mais conservadoras. Êsses pais "liberais" também desejam guiar os filhos: *"Somos mais velhos que você, mais sensatos que você, sabemos melhor o que é bom para você."*

Não concordo. Êsses pais não sabem o que é bom para os filhos. É por isso que muitos lares, aparentemente excelentes, perdem os filhos e nunca mais os encontram.

Se eu fôsse a senhora, certamente levaria a filha a um médico para que êle lhe desse conselhos completos sôbre anticoncepcionais.

Por outro lado, já vi, mais de uma vez, a mãe tentar que sua filha tenha, à fôrça, vida sexual. Ouvi uma menina de dezesseis anos dizer: "Mamãe, eu estou dizendo que ainda não quero ter vida sexual." Tais mães são, quase sempre, mulheres que se compensam de tratamento inibitório que tiveram em seu tempo, oferecendo uma liberdade sexual que lhes deixe a consciência tranqüila, uma liberdade que, com freqüência, não é aceita, por causa dos ensinamentos prévios da mãe. São mães que erram ao pressionar assim as filhas. *Sexo não deve ser tratado por pressão, seja pró ou contra.* Sexo é coisa altamente pessoal. Pessoal alguma deve ditar a outra a cronometragem e a resposta sexual.

Uma jovem de vinte anos dizia à mãe: "Na minha turma cada môça dorme com um sujeito. As môças caçoam de mim porque eu não quero fazer isso. Começo a sentir que precisarei acompanhá-las, senão fico deslocada no seu meio."

Aqui temos a pressão de grupo — uma situação triste, que traz à tona a questão do sexo promíscuo, sexo sem amor nem ternura. Mas devemos tentar não fazer discursos morais a respeito. Um jovem casal pode ter sexo junto, com muita satisfação, mesmo quando não estão apaixonados um pelo outro. Mas o jovem ou a jovem que procuram ocasiões eventuais para as relações sexuais devem ter uma vida sexual onde falta algo de valor, chame-se a êsse algo amor ou ternura, chame-se a êsse algo o que se quiser. Não pode haver isso quando falam em "ter um caso firme", em parte, naturalmente, porque um caso firme pressupõe casamento. Os casos de amor mais felizes que conheci foram aquêles nos quais havia permanência. Os Casanovas e os Don Juans não estão em condições de dar a uma jovem coisa alguma que se pareça com satisfação completa.

Para voltar à sua pergunta: uma môça ou um rapaz deveriam ser livres para ter vida sexual quando ela ou êle assim quisessem. Sem a aprovação dos pais, tal vida sexual poderá tornar-se culposa, e sem anticoncepcionais poderá fazer-se perigosa.

HOMOSSEXUALIDADE

Acha que a homossexualidade é errada ou é pecado?

É evidente que a homossexualidade não é pecado. Uma pessoa não pode controlar seus gostos e repulsas inatos. Podemos controlar comportamento, mas não sentimentos. A lei é bárbara quando manda para a prisão um desviado sexual.

Daria eu um lugar entre o pessoal da minha escola a um homossexual ou a uma lésbica? Não. Mas não quero dizer com isso que a homossexualidade seja errada: digo, apenas, que é inconveniente. No presente estágio da nossa sociedade o homossexual é um pária — tem de esconder sua natureza. Por causa da atitude da sociedade, raramente êle é feliz. Deve manter secreta sua vida sexual e desviada, e arrisca-se, constantemente, a sofrer chantagem.

Todos somos bissexuais, em parte homens e em parte mulheres. Heterossexualidade é a norma, a base biológica da vida. Mas ninguém que tenha para com o sexo uma atitude saudável condenará o homessexual ou ficará chocado com a homossexualidade. Atividade homossexual particular não pode, naturalmente, fazer mal a ninguém diretamente envolvido. Portanto, por que todo êsse rebuliço e processos criminais contra adultos que dão seu consentimento?

Temos males que bradam aos céus: nossa insana lei de divórcio, nossas leis cruéis contra os homossexuais, nossas leis contra o abôrto (apesar de que há milhares de ilegais e perigosos abortos feitos a cada ano). Mas o legislador que votar por uma lei humana sôbre o abôrto poderá perder os votos dos católicos ou dos batistas, ou votos de seja lá quem fôr. Por isso é que os males que bradam aos céus levam pelo menos três gerações para ser abolidos por lei.

Meu filho Wilson, que tem agora dezessete anos, anda por aí com um grupo de rapazes que, de certa forma, me impressionam mal. Alguns parecem afeminados. Não tenho qualquer prova direta de homossexualidade, ou de qualquer mau comportamento, mas receio, grandemente, que meu filho esteja sendo atraído para se tornar um homossexual. Há muitos dêles, agora, neste país. Há alguma forma pela qual eu possa descobrir essa tendência no rapaz? E, se fôr assim, há alguma coisa que eu possa fazer a respeito?

A senhora nada poderá fazer a respeito falando ou aconselhando. Cada um de nós é um homossexual em potencial, e há demasiadas situações que desenvolvem êsse componente — e a pior delas está representada pelas nossas escolas segregadas. Deve-se atentar para o sexo: com excessiva freqüência formam-se relações homossexuais sob condições de segregação sexual. Mas a homossexualidade pode desenvolver-se, também, na chamada escola co-educacional, onde rapazes e môças se reúnem apenas nas salas de aula. A verdadeira co-educação é para mim a forma ideal de deter a homossexualidade.

Ninguém sabe, definitivamente, o que leva um homem a se tornar homossexual, ou uma mulher a se tornar lésbica. A teoria comum é que o rapaz tem um pai indesejável e é forçado a canalizar demasiado amor para a mãe. Então, o fator incesto torna a mãe tabu, e aquele tabu é levado, indiscriminadamente, para tôdas as mulheres. Mas muitas vêzes observei que um homossexual, que não se preocupa com môças, é mais atencioso e terno para com mulheres mais velhas.

Não há pais que possam abolir essas situações que tendem a encorajar o elemento homossexual: exercícios, escolas segregadas, prisões.

Quando a senhora se queixa de que seu filho está vivendo principalmente com um bando de jovens, leva-me a pensar que seu rapaz se sente afastado da senhora e está se rebelando contra sua autoridade. A maioria dos homossexuais de ambos os sexos, digo eu, vem de lares infelizes. A esta altura lamento dizer que pouco a senhora pode fazer sôbre o incipiente homossexualismo de seu filho. Psicoterapia pode ajudar o rapaz a afastar o que a senhora teme.

Influenciando Crianças

Os pais são sempre os culpados? Cada criança-problema é resultado de orientação errada?

MUITOS CASOS PARECERIAM, CERTAMENTE, RESULTADO DE MAUS lares. Ainda assim, há crianças que, aparentemente, vêm de bons lares e são perturbadas. Não tenho idéia da razão por que, por exemplo, dois gêmeos venham a ser tão diferentes. Tom é sociável e sincero, enquanto Bill é um jovem sádico. Por isso é que digo, com freqüência, que a psicologia está na Idade da Pedra.

Já vi uma criança de sete anos, filho de pais modernos e inteligentes, que parecia um torturador da Gestapo; rosto duro, olhos cruéis. Parecia não ter piedade – pior, parecia que jamais aprenderia a ter piedade. Aquêle menino adorava torturar animais. Os pais lhe tinham dado amor e tanta liberdade quanto seu ambiente lhes permitia. O triste fato é que, mesmo que soubéssemos as causas, nada ou muito pouco poderíamos fazer em casos assim. Uma pequena lesão que passou despercebida, quando do nascimento, uma queda na primeira infância, glândulas que não funcionam – qualquer dessas coisas pode ser uma causa.

Não sei de tratamento que chegue a fontes tais. Quando comecei com Summerhill pensei que a Psicologia tudo curasse, fôsse o que fôsse. Recebi alunos com lesões de nascimento, alunos com doenças relacionadas com o sono, alunos que andavam com dificuldade. Nada pude fazer com êles. Se outros tiveram êxito com êsses tipos, será uma alegria para mim ter notícia de como o conseguiram.

Veja o caso de uma criança que fôra indesejada e cujo nascimento se seguira a uma tentativa fracassada de abôrto. Se tal criança tem uma atitude de ódio contra a vida que podemos fazer quanto a isso? O que aqui digo parece como que dar aos pais uma desculpa de mão beijada. *Temos um mau filho e não é culpa nossa.* Ai de nós, na maioria dos casos a culpa é dos pais. Os piores pais são, possìvelmente, os que gritam: "Fizemos tudo por êsse garôto e êle é um grosseirão, causa-nos profundo desgôsto." Não tôdas, mas grande quantidade de crianças-problemas sofrem através de repressão, ódios disfarçados e frustrações dos pais.

Estou grávida de meu primeiro filho. Li o que o senhor escreveu em SUMMERHILL(*) sôbre mêdos da futura mãe, que se podem transmitir ao filho que traz no útero. Mas tudo isso é inconsciente, não é mesmo? Que posso fazer, sendo a espécie de pessoa que sou, para não transmitir mêdo ao meu filho por nascer, quando tenho certeza de que sofro grandes ansiedades?

Mas eu só disse, se recordo corretamente, que pode ser, no caso de a mãe não desejar o filho, que seu inconsciente estado de aflição afete a criança e a leve a sentir mêdo da vida desde o início. Não tenho prova da validade de tal teoria. Pode estar completamente errada.

Todo homem e tôda mulher sofrem de ansiedade, de alguma forma. Uma mulher que não quer dar à luz um filho seu pode odiar o pai, pode temer a perda de suas linhas. Se a criança vai ser ilegítima, pode temer a opinião pública e tentar em vão um abôrto. Imagino que, se uma mulher grávida receia voar, seu mêdo não afeta a criança em seu útero. Não sei. Ninguém sabe. E é apenas uma suposição minha que o próprio mêdo do parto pode transmitir à criança um sentimento de antivida desde o instante em que nascer. Se a senhora, minha cara, deseja ter seu bebê, não há motivo para preocupação.

Lamento, se a levei a preocupar-se. Mas anime-se. Pelo menos a senhora está consciente de suas ansiedades. As ansiedades ocultas é que costumam ser as mais perigosas.

Nossa filha tem 21 anos. Está em Paris, estudando Arte. Est por lá há dois anos e não deseja voltar para casa. Meu marido manda-lhe uma quantia semanal, com a qual ela vive. Nós a visi-

(*) O livro de A. S. Neill, cujo título original é SUMMERHILL, foi lançado pela IBRASA com o título LIBERDADE SEM MÊDO.

tamos recentemente e a encontramos sèriamente empenhada no estudo da Arte, muito feliz e altamente horrorizada com nossa insistência no fato de que ela já estêve tempo suficiente no exterior e precisa voltar para os Estados Unidos. Meu marido acha que ela tem o direito de viver sua própria vida, mas por isso mesmo ela não ousa pedir-nos que a mantenhamos financeiramente na vida que escolheu. Sei que se meu marido cortar suas remessas de dinheiro ela irá viver num sótão, por assim dizer, e arranjará um emprêgo subalterno para se manter. Tremo ao pensar em minha filhinha vivendo sob condições tão ásperas, e resisto à sugestão de meu marido. Êle diz que nossa filha deve agora tornar-se adulta e arrostar as conseqüências de seus atos. Tenho calafrios ao pensar no que lhe pode acontecer. Quem está certo, meu marido ou eu?

Acho que seu marido está errado. Se a garôta está feliz em Paris, por que seu marido não está contente, mesmo deleitado? Ou seu amor é egoísta? Não ficou claro se êle lamenta o dinheiro ou se pensa que a môça não tem direito à felicidade — a não ser que seja feliz sob as condições *dêle.*

E, afinal, por que não quer ela voltar para casa? Sua vida em Paris pode ser tão absorvente que a volta a uma existência suburbana, num ambiente convencional, seria um inferno para ela. Sua recusa pode ser um protesto contra um pai que talvez tenha exercido sua autoridade sôbre ela durante tôda vida.

O dinheiro é, muitas vêzes, um substituto para o amor. Há muitas crianças não-amadas que recebem presentes excessivamente caros dos pais. No caso em tela, se dinheiro representa amor, o pai está retirando da môça seu amor. Se o pai fôsse homem relativamente pobre, poderia bem pedir à filha que se bastasse. Mas, ao que me parece, não é êsse o caso e êle pode manter a môça. Vamos rever a situação. O Sr. X tem uma filha que é feliz na França. É êle um americano convencional, que dá atenção aos símbolos da condição social. Deseja a filha em casa para que ela faça figura no Cadillac da família, receba os amigos de negócios, tome parte nas reuniões sociais de costume. "Se minha filha ficar afastada de nós por muito tempo", conjetura êle, "meus amigos vão começar a supor que há algo de errado com a nossa casa. Na França ela pode arranjar algum tipo artista, de cabelo comprido, barba e sem níquel. Mas eu quero que ela case com um jovem diretor de companhia e mantenha uma posição na vida, com tôdas as coisas boas que o dinheiro pode comprar".

Seu marido deveria perguntar a si próprio: "Amo minha filha ou não? Se a amo, dar-lhe-ei a mesada enquanto ela assim quiser. Se a amo, deixarei que ela seja livre para escolher a espécie de vida ou a espécie de companheiro que desejar. Não farei pressão para que ela viva a *minha* espécie de vida".

CARREIRA

Construí um bom negócio, e naturalmente desejo que meus filhos o levem para a frente, quando eu morrer. Um dos rapazes quer seguir a carreira teatral e o outro deseja ser aviador. Que posso fazer?

Nada, absolutamente nada! Sessenta anos atrás seus filhos deveriam fazer o que o pai lhes dissesse e se teriam metido no negócio. Já que nêle não punham o coração, provàvelmente arruiná-lo-iam.

Afinal, que lhes oferece o negócio? Segurança financeira, mas com provável estagnação mental.

Seus filhos desejam algo ativo. Por outro lado, o senhor procura segurança para êles. É uma simples questão de preferência: uma grande casa em Withe Plains, com três carros e uma ronda social de insanidades, ou um mundo de aventura no estúdio e no ar.

Entretanto, isso não é tão simples como parece. Um homem trabalha duramente para construir um bom negócio. Fêz negócio, é uma criação sua, sente-se possessivo a respeito dêle. Pensar que sua criação está morrendo com êle é pensamento amargo. Posso compreender como o senhor se sente. Construí Summerhill. Acho que é um lugar maravilhoso. Mas se meus herdeiros o quiserem transformar numa academia de equitação, a idéia não me perturba, porque já não existirei e não estarei em condições de sofrer o desapontamento. O caso, aqui, é diferente. O senhor está vivo. O senhor vê os filhos abandonando o trabalho de tôda sua existência. Provàvelmente, gozou anos de felicidade construindo o seu negócio o que prova que é melhor viajar com sucesso do que chegar.

Mas se seus filhos buscam outra estrada para a felicidade, o senhor, pai, poderá suspirar, mas deveria lançar mão da garrafa de uísque, fazer um sorriso forçado para dentro do copo, e dizer: "Eu *fiz* o que queria fazer. Êles têm o mesmo privilégio".

Na verdade, cada um de seus rapazes poderá obter mais da sua maneira do que o senhor obteve a seu modo. Muitos filhos metem-se em negócios e levam vida pequenas, sem aventuras. Para quê? Segurança, respeitabilidade, a condição de homenzinho? Deveríamos regozijar-nos quando os jovens deixam o caminho batido e saem por aí procurando a vida abundante.

> Eu e minha mulher somos musicistas, dedicamos nossas vidas à Música. Meu filho tem oito anos, idade bastante para aprender violino, segundo minha opinião. Êle não pediu que lhe déssemos lições. De cada vez que eu toco no assunto, tira o corpo. Sei insistir para que estude Música? Parece-me que meu filho não tem idade bastante para saber o que é bom para êle.

Mas o *senhor* sabe o que é bom para êle? A Música nada significa para o menino. Seria um crime forçá-lo a tocar violino contra a sua inclinação.

O senhor atendeu à fantasia de que, sendo a Música uma alegria para a sua pessoa, deveria ser, e será, uma alegria para o filho. Oh! Espere aí! — digo eu — "Não vá tão depressa!" Batize uma criança com o nome de Beethoven Mozart Jones e é provável que ela venha a ser um pugilista.

Não temos o direito de moldar a vida de uma criança. Ouvi, até à náusea, durante anos, o argumento: "*A criança não entende o bastante: se eu não lhe ensinar Música, Arte ou Poesia, ela sentirá a falta disso mais tarde, na vida*". Bobagem. Se um rapazinho é um Bach nato, não haverá nada que o afaste da Música.

Por que o fantasioso argumento é quase sempre a propósito da Música, eu não sei. Jamais ouvi um pai dizer: "Devemos forçar nosso filho a estudar Biologia, para que mais tarde, na vida, não venha a nos culpar pela sua ignorância nesse assunto".

Eu lecionei numa escola de Londres, na qual o concertista Salomon era aluno. Às sete, ninguém o tiraria do piano. O que teria sido dêle se os pais insistissem para que se tornasse astrônomo?

Tudo isso é errado — essa tendência dos pais a moldarem os interêsses do filho. Tenho uma suspeita maliciosa de que o garôto ouviu tanto piano e violino que gostaria de viver num mundo silencioso.

Se o senhor forçar o filho a estudar violino poderá vir a arrepender-se disso.

CENSURA

Devo censurar a leitura de minha filha? Ela tem quinze anos e traz para casa livros que me parecem inconvenientes.

Se quiser que ela adquira um bom gôsto em pornografia, censure, com certeza, seus livros. Lembro-me do dia em que meus pais proibiram a leitura de *Tess of the D'Urbervilles,* um livro de Hardy. Todos nós o devoramos em segrêdo.

Censura é simples tolice. Se Mary não conhece a popular palavra de quatro letras e vê essa palavra num livro, isso nada significará para ela. Se já conhece a palavra, a leitura dela não irá corrompê-la.

Censura denota mêdo do sexo e nada mais. Quando um lar é livre a respeito de sexo, não há livro nem filme perigoso. Censura é uma extensão da mentira dos pais, as velhas tradições que mentiam sôbre Papai Noel e sôbre loucura causada pela masturbação. Censura pode ter surtido efeito até certo ponto, no tempo da Rainha Vitória, mas já não surte efeito nos dias presentes. A juventude está empenhada em obter sua liberdade e decidir por si mesma o que é bom e o que é mau. Como as coisas se movem vagarosamente! Alguns pais estão pouco adiantados em relação às damas vitorianas que cobriam as pernas dos pianos de cauda. Há uma campanha nos Estados Unidos para forçar os proprietários de animais de estimação a torná-los modestos, vestindo-lhes calças! Isso parece-me tão vazio que estou tentado a tomar o caso como piada de algum trocista.

A biblioteca de Summerhill contém *"O Amante de Lady Chatterley"*, *"O Trópico de Câncer"*, *"Fanny Hill"!* Jamais vi os meus adolescentes lendo êsses livros. A lei faz o crime e a censura faz a pornografia. E a pornografia continua a nutrir a doença da humanidade.

Meus garotos adoram histórias em quadrinhos. Li que êsse tipo de histórias não é bom para as crianças. Contudo, não tenho visto maus resultados dessa leitura em minha casa. Que acha o senhor?

No meu tempo de menino as histórias em quadrinhos eram cômicas. Hoje, a maioria delas é horrível: desenhos de olhos sendo arrancados, ou cenas em que mulheres seminuas são chicoteadas. Embora possamos abominar revistas que mostram sadismo e perversão, *censurar* as histórias em quadrinhos seria pior do que as próprias histórias.

Como adultos, quantos entre nós estão livres de interêsse no mesmo tipo de desenhos? Vemos Cassius Clay batendo e batendo num cambaleante Patterson. Temos um interêsse libidinoso em cenas sexuais que implicam em atividades lascivas.

Não lhe é possível manter as crianças afastadas de tôdas as narrativas de violência. Nossos jornais cotidianos contam que um branco matou impiedosamente um negro. É bastante mau! Mas vai o jornal e diz que o veredito do júri foi: *Inocente!* Temos o assassínio coroado com injustiça. Entretanto, o senhor não proíbe que seus filhos leiam êsse jornal.

Não se pode encobrir para os jovens os males do dia — só podemos viver de maneira que faça êsses males parecerem sem atrativos aos olhos dêles. Eu disse *viver* — não pregar!

COMPANHEIROS INDESEJÁVEIS

Meu filho fêz amizade com um menino que não tem muito bom caráter: é mentiroso, brutal, arrogante. Meu filho começa a imitar as maneiras dêle. Como posso fazer meu filho compreender que êsse menino exercerá má influência sôbre êle?

Todos os meninos encontram companheiros que são brutais, mentirosos e arrogantes. O menino equilibrado depressa começa a compreender as atitudes e a inferioridade do fanfarrão mentiroso. A senhora não pode endireitar a situação tentando, com palavras, afastar o rapaz de um companheiro não-satisfatório.

Penso que o melhor, o único meio, é fazer a vida de seu filho tão cheia e tão feliz quanto lhe seja possível. Pergunte-se se êle não está procurando êsse outro rapaz porque seu lar é bom demais, moral demais, restrito demais. Êle deve sentir atração pelo companheiro porque dêle recebe algo que não encontra no lar.

Mas, por que se preocupar tanto com mentiras e arrogância? A maioria das criaturas, velhas e jovens, tem seu bocado de ambos os hábitos, mesmo quando não se trate de políticos nem de vendedores comerciais. Se seu marido mente para a senhora, estará é muito provável, receoso de lhe dizer a verdade; não vá a mãe saltar-lhe em cima.

As pessoas não andam por aí imitando os outros a não ser que as falhas do imitado sejam as que, consciente ou inconscientemente, elas desejam ter. O herói atrai os que desejam ser iguais a êle. Os SS de Hitler atraíram todos os sádicos e pervertidos da Alemanha. Billy Graham atrai todos os simples que se acreditam pecadores. Não seguimos um líder a menos que êle vá pelo caminho que desejamos pisar. Tenho, realmente, a impressão de que alguma coisa está faltando em seu lar.

RELIGIÃO

É justo manter crianças no desconhecimento de Deus?

Qual é o Deus a que se refere? O que faz da masturbação um pecado, ou o que criou o Universo?

Eu poderia tolerar o Cristianismo se seus adeptos vivessem conforme a sua religião e oferecessem a outra face, vendessem tudo quanto possuem e dessem o resultado aos pobres. Poderia admirar a Igreja se o Vaticano e Canterbury(*) simbolizassem a vida de pobreza de Jesus, em lugar de exibir candelabros de ouro, imagens de ouro e vestes cheias de ornatos.

(*) Cidade da Inglaterra onde se situa o Arcebispado Anglicano. A referência, aqui, equipara-se à que é feita à religião católica simbolizada na palavra Vaticano. (Nota da Trad.)

Segundo os crentes, Bertrand Russel irá assar no inferno pela eternidade, enquanto Billy Graham estará à mão direita de Deus. Castigo sem remissão é o fado de um homem que enriqueceu a humanidade com sua matemática criadora. Êsse é o Deus insensível no qual os jovens devem acreditar — um Deus cruel, que, infatigàvelmente, tortura um homem bom, que não fêz mal a ninguém, mas simplesmente não proclama o ídolo adequado.

Falando em Billy, com seu grito de que a salvação vem apenas através de Jesus Cristo, que fado pensa êle terá a vasta maioria da humanidade que — sem que isso se dê por culpa sua — jamais ouviu falar em Jesus Cristo?

Jesus espalhou amor, caridade, compreensão. Mas, entre seus seguidores, estavam John Calvin, que fêz seu rival Servetus cozer a fogo lento; São Paulo, que odiava as mulheres; e a Igreja Calvinista da África do Sul, que apóia o "apartheid".

Dizem-me que em certos lugares dos Estados Unidos um professor dificilmente será nomeado, se confessar que não tem religião. A não ser que acredite em certa mitologia, não serve para ensinar Geometria.

No jornal de hoje há notícia sôbre uma jovem senhora que em seu formulário para se candidatar a enfermeira de um hospital disse ser livre-pensadora. Foi recusada, porque as autoridades da instituição consideram que apenas cristãos são capazes de mostrar algum amor pelo paciente. Muita coisa de religião organizada de hoje é hipócrita e feita à base de sou-mais-santo-do-que-tu. Como podem os seguidores de Cristo ser tão antivida, se pretendem ser discípulos do pregador que perguntava se alguém era puro bastante para atirar a primeira pedra sôbre a mulher de virtude fácil?

Certa vez recebi um menino católico, contra meu próprio e melhor raciocínio. A experiência falhou. O menino foi trazido a uma escola que não acredita em pecado nem em castigo, então teve que procurar um padre e confessar seus pecados. O pobre garôto simplesmente não sabia a quantas andava.

Numa conferência recente, um ouvinte perguntou: "O senhor é um humanista. Por que não ensina Humanismo?" Respondi que é tão mau ensinar Humanismo como ensinar Cristianismo. Não acredito que as crianças devam ser moldadas de qualquer maneira, nem convertidas a qualquer crença.

Veja os humanistas que desafiam a crença em Deus. Conheço humanistas que são tão anti-sexo como os cristãos. Conheço socialistas que são tão morais como o mais profundamente colorido Cel. Blimp. Conheço comunistas que adoram seus deuses marxistas tão emocional e irrefletidamente como qualquer católico adora Maria Santíssima.

Se há essa coisa chamada pecado, deve ser a propensão dos adultos para dizer aos jovens como viver — desaforado impulso, já que os próprios adultos não sabem como viver.

Ninguém devia tentar educar emoções. Só podemos criar um ambiente no qual as emoções possam ser amplamente expressas. Se as emoções forem livres, o intelecto saberá cuidar de si próprio.

Para responder especìficamente a sua pergunta: não é justo nem injusto expor ou não expor uma criança à Religião. Uma criança observará os valores dos pais, esteja a Teologia presente ou ausente e sejam os valores pró ou antivida.

Saber de Deus, nem de longe é tão importante como o conhecimento íntimo de pais queridos, de bom comportamento, que são honestos para consigo mesmos e para com todos os demais.

> Nossa família foi presbiteriana durante gerações e temos orgulho de nossa filiação nessa Igreja. Meu filho, James, é completamente desinteressado da freqüência à igreja. Sentimo-nos imensamente embaraçados quando nossos amigos nos perguntam, aos domingos, onde está James. Pensa que seria imposição insistir com James para que até certo ponto atenda ao nosso sentimento? Seria demais pedir a um rapaz que dê uma hora por semana para algo a respeito do qual seus pais sentem tão profundamente?

Parece-me que a senhora está mais preocupada com o que os vizinhos pensam do que com o bem-estar espiritual de James. Êle diz que a igreja o entedia — portanto, que adianta forçá-lo a ir? Se êle tiver uma fagulha de religião ainda em si, a compulsão só poderá extinguir essa fagulha para sempre.

Há muitos James no mundo moderno, milhares de jovens que vão à igreja contra a vontade. Não podemos fazer ninguém seguir uma crença usando de fôrça, sugestão, ou seja lá o que fôr. James, como muitos jovens nascidos em nosso mundo científico, pode ser um agnóstico ou um ateu. Pode ser sensível bastante para perguntar por que o Cristianismo tem tão pouco a ver com Cristo e seus ensinamentos de amor fraternal, ou pode, também, perguntar por que tantos pais religiosos batem em seus filhos e humilham-nos. James poderá aceitar, literalmente, a ordem: "Deixai vir a mim os pequeninos".

Ou, se não tem pontos de vista especiais, James pode achar que os sermões são insípidos, que os hinos são banais e nada musicais. Afinal, qual é o menino, a não ser um que tenha sido doutrinado desde o berço, que prefere ir à igreja a ver televisão, ou o cinema, ou, simplesmente, brincar?

Não, a senhora não tem direito algum de forçar James a fazer algo que êle não deseja fazer. Em seu próprio interêsse, deve compreender que forçar é uma boa maneira de perder o amor de James.

Tôdas as crianças do nosso quarteirão vão à Escola Dominical. Meu marido e eu não acreditamos em religião organizada. John pergunta por que não pode ir à Escola Dominical com seus companheiros de brinquedos. Como decididos partidários da idéia de que a educação religiosa é nociva, como poderemos manejar essa situação?

Seu menino não está procurando *religião,* e sim desejando, apenas, participar da turma de companheiros, fazer o que êles fazem. Se êsses companheiros fôssem todos os domingos a uma escola da KKK(*), êle quereria juntar-se aos amigos.

Se a senhora disser não, poderá dar-lhe um interêsse pela Religião que durará tôda a vida. Os frutos proibidos têm doce sabor. Aconselho-a a deixá-lo ir. E, se êle começar a considerar-se um miserável pecador, diga-lhe, *então,* o que pensa da Religião. Recorde-se de que o lar tem influência muito mais profunda do que qualquer escola.

(*) Ku-Klux-Klan, organização política secreta dos Estados Unidos, ativa depois do término da Guerra Civil, cujo fim principal é firmar o contrôle do homem branco, combatendo sob tôdas as formas, mesmo as mais radicais e cruéis, os direitos civis dos negros. (Nota da Trad.)

Tenho a impressão de que agnósticos e humanistas estão contra uma maioria entrincheirada. Nossa TV e nosso rádio dão muito tempo às religiões e raramente dez minutos aos humanistas.

Deixe seu filho ir à Escola Dominical se êle assim o deseja. Se seu lar é feliz, seu filho, com certeza, não irá procurar forma alguma de religião. Meus sessenta felizes alunos jamais revelam o menor interêsse pelo assunto.

Summerhill dá a impressão de ser um paraíso, mas por que, oh! por que o senhor não ensina Religião?

Em minha escola não ensinamos Religião porque a vivemos, isto é, se ser religioso significa distribuir amor.

Não é o que se acredita o importante, e sim o que se *faz*. Há párocos que caçam rapôsas, outros atiram em perdizes. Muitos pais religiosos espancam os filhos. Não importa o que êsses pais proclamam, sua ação odienta prova que sua religião de amor é uma farsa. Quantas crianças têm sido espancadas por não terem aprendido uma página do Catecismo?

Mas chega. Se a palavra Deus significa *bom,* então êsse Deus nós, certamente, tentamos seguir em Summerhill.

MODELANDO O CARÁTER

Sou pacifista. Devo tentar fazer meus filhos pacifistas?

A humanidade pode ser dividida em duas classes: os que aceitaram o Pai e assim se tornaram membros do Estabelecimento, e os que rejeitaram o Pai e se tornaram rebeldes. Os primeiros formam a grande maioria.

Nas classes mais elevadas, muitos rapazes desafiam o Pai Filosofia aos 20 anos. Aos 50 votam com os *tories*(*).

Um pai pode ser pacifista e, ao mesmo tempo, pai pouco satisfatório. Pode ser um maníaco do urinol, pode ser moral no que se refere a sexo, pode ter uma religião que não atrai a juventude.

(*) Membros do Partido Conservador da Inglaterra.

Num lar pacifista, bem como em qualquer outra espécie de lar, pode haver crianças que protestam contra a sutil maneira de modelá-las.

Não. Eu não acho que o senhor deva fazer um esfôrço consciente para converter sua família à sua maneira de pensar. Se o lar está estabelecido na base do amor, seus filhos e filhas serão, inconscientemente, influenciados pelas suas idéias, e haverá possibilidade de que aceitem o pacifismo.

Meu amigo, não acho que pessoa alguma devesse tentar formar a vida ou o pensamento dos filhos. Devemos estar prontos a aceitar o comportamento de nossos rebentos – e também as crenças – que forem contra nossos pontos de vista. Um pai pacifista que conheci teve um filho que tinha loucura pela aviação. A única forma de aprender a voar era entrar para a escolta local de treinamento da corporação de vôo. O pai proibiu severamente o filho de entrar para aquêle estabelecimento militar. O filho fugiu e foi reunir-se à Real Fôrça Aérea. Aquêle pai deveria terse curvado ao desejo do filho.

Não devemos tentar viver a vida dos filhos por êles. Sou humanista, mas não ousaria converter minha filha ao humanismo ou a qualquer outro credo ou convicção. Responderei às indagações de minha filha, mas não pensaria em começar uma campanha para levá-la a pensar da maneira que eu penso. Ela vê a forma pela qual eu vivo. Se aprova essa forma, poderá segui-la. Mas nada do que eu *disser* será mais eloqüente ou significativo do que meu comportamento tem sido.

A mesma observação se aplica às convicções. Minha filha, a esta altura, já deve saber em que eu acredito. Não há necessidade de convencê-la desta ou daquela forma. Ela teve ampla margem de tempo para observar e descobrir se concorda ou não.

Não. Viva e deixe viver, digo eu.

Eu ponho de lado muito do que aparece em Psicanálise a propósito de motivos ocultos: o pacifista é o sádico em ultracompensação pela crueldade inconsciente, ou o pacifista é um covarde que procura racionalizar seus motivos para evitar a morte em campo de batalha. Podemos também dizer que a Gestapo das torturas se estava ultracompensando por um forte e inconsciente amor aos judeus. É, se é certo atribuir tôdas essas ações e pensamentos a motivos inconscientes, seria possível pensar que os próprios psicanalistas, tendo descoberto seus inconscientes impulsos, seriam homens maravilhosos, livres de complexo. Tendo conhecido dezenas dêles em meu tempo, posso assegurar-lhe que os analistas não se comportam de modo muito diferente das demais pessoas.

Minha mulher e eu temos atividade na promoção dos direitos civis. Somos inabalàvelmente contra a guerra do Vietname. Nossos filhos, um rapaz de dezoito anos e uma môça de dezesseis, não desejam tomar parte nas manifestações pelos direitos civis. Nem querem usar um distintivo indicando que são contra a bomba atômica. Estamos desapontados com êles. Deveríamos tentar levá-los a seguir nossos passos para um mundo mais livre?

Não, com certeza, não! De qualquer maneira, não poderiam, mesmo que tentassem.

Os senhores não devem esperar que os filhos sejam réplicas suas. Talvez estejam fartos de tôda essa coisa, porque em sua casa deve haver falatório demais sôbre suas crenças e suas ações. Talvez êsses seus filhos estejam tão ocupados em seu protesto contra as pressões do lar que não têm energia para protestar contra o tratamento dado a negros.

Um lar "liberal" nem sempre é um lar *liberal*. Não é possível converter ninguém através de pregações ou conversas. Oh! Sim! Billy Graham converteu grande quantidade de gente cujas emoções tinham sido represadas durante anos, mas, na maioria dos casos, é questionável essa conversão, no que se refere ao tempo que dura. *Pais não deveriam tentar converter os filhos a propósito de coisa alguma.*

O oposto também é verdadeiro. Acabo de responder a uma estudante de Chicago. Escrevi: "Não tente convencer os pais a acreditarem em Summerhill. Você disse que êles são contra. Nada do que você lhes disser alterará numa vírgula essa disposição dêles". Há casos de autêntica conversão, mas só quando o convertido estêve, inconscientemente, procurando algum tempo essa conversão.

Seus filhos rejeitam sua filosofia de vida. Deixem a coisa como está, os senhores não têm contrôle sôbre ela. Mesmo que seu filho se tornasse um membro da Ku-Klux-Klan, ou se sua filha passasse a sair sempre a passeio, vocês nada poderiam fazer. Ao que me parece, os dois jovens acham que já tiveram no lar doutrinação bastante para o resto de suas vidas.

Talvez seja mais fácil doutrinar em matéria de ódio do que de amor. Tôdas essas crianças brancas do extremo sul, que vejo na TV, mostram o rosto cheio de ódio quando apedrejam crianças negras. Êsse ódio não é natural. Foi forçado nelas desde a primeira infância. Ódio parece gerar ódio com maior facilidade do que amor gera amor, e daí a doença da humanidade. Provir de pais odientos deve ser a pior desvantagem que uma criança pode ter.

Volto a dizer aos senhores, pais, que deixem os filhos em paz. Se isso estiver realmente nêles, encontrarão forma sua de protestar contra tudo quanto é feio e odiento na vida. Se realmente acreditarem que os pisoteados devem ser socorridos, encontrarão sua própria maneira de socorrer. Se forem impermeáveis às necessidades alheias, nada do que os senhores possam dizer fará um fiapo de diferença.

Um jovem de dezessete anos me disse: "Eu marcho nas manifestações contra a bomba atômica, de Londres, e estou todo tempo pensando na inutilidade delas, porque sei que nossa minoria não tem absolutamente o poder de alterar a política dos homens que nos governam". Certo ou errado, êles têm um ponto de vista.

Crianças livres não são rebeldes em propaganda. Usam, com freqüência, distintivos antinuecleares, mas nenhuma foi prêsa por sentar-se com Bertrand Russel em Trafalgar Square. Eu sou, realmente, o único elemento de Summerhill que tentou sentar-se como protesto. Sentei-me, na Escócia, na Base Polaris, e tive que escolher entre 60 dias de prisão ou multa de £10. Não tornei a tentar, porque cheguei à conclusão de que aquêle era um método que não chegava a arranhar sequer o assunto.

Não. A liberdade não forma rebeldes. E aqui uma pergunta constrangedora se ergue: Para se rebelar contra o Estabelecimento é preciso que o que se rebela tenha sofrido muito através dêle? Conforme disse Shelley,

A maior parte dos homens desditosos é educada para a poesia através do êrro;
Aprendem no sofrimento o que ensinam em canções.

Voltando à sua pergunta: os pais devem tentar compreender o ponto de vista dos filhos. Pode ser que seus jovens sintam profundamente a respeito dos assuntos que preocupam os senhores, mas sentem, igualmente — embora não expressem isso — que, pragmàticamente, os senhores estão completamente enganados em sua maneira de cuidar do caso.

Em meu magistério jamais introduzi meus problemas pessoais. Assim, se os senhores fizerem a meus alunos perguntas sôbre minha vida particular, êles não saberiam responder. Qual é minha política, minha atitude para com a Religião, para com médicos e drogas? Êles não saberiam. Felizmente, não se importam com isso.

O maior perigo para um professor é imprimir em seus alunos seus próprios credos. Êsse negócio de ensinar é dar estímulo ao pensamento e não implantar crenças.

Imagine um homem que realmente acreditasse ser a Terra chata e passasse o tempo de lazer carregando uma grande bandeja para proclamar essa verdade — não posso imaginar muito bem um filho qualquer que quisesse marchar com êle. Os senhores rotulariam êsse filho de desrespeitoso e ingrato? Suas crenças e suas paixões são de sua propriedade particular; não as forcem em seus filhos.

Como posso imbuir em meus filhos uma atitude de amor e reverência pela vida, quando tudo em tôrno dêles lhes traz experiência de ódio, preconceito e guerra?

Esta é uma pergunta desconcertante. Como *pode* a senhora imbuir essa atitude?

Ainda assim, conseguimos fazê-lo, em Summerhill. Nossos ex-alunos nunca serão odientos em relação a negros ou judeus, nem se revelarão fomentadores de guerras. Nossos garotos crescem para ser tolerantes e caridosos, mas não ignorantes, certamente, do mundo doente que os rodeia. Dê a uma criança um lar feliz e uma escola feliz e o risco de êle vir a ser um odiento será pequeno, realmente.

Temos em Summerhill muitas crianças pequenas. Temos gatos, galinhas e gansos que andam pelos caminhos que as crianças percorrem sem mêdo algum. Na verdade, às vêzes dá trabalho afastar do caminho um ganso grasnador. Dê às crianças amor e liberdade e elas, automàticamente, terão reverência pela vida, tanto animal como humana. Não conheço outro processo.

Nossos reformatórios para delinqüentes, com sua severa disciplina e seus castigos, geram ódio todo o tempo. Pais que espancam os filhos, fazem-nos temerosos e odientos. Professôres trovejantes e estúpidos conseguem o mesmo efeito. A única esperança para êste mundo doente é uma nova geração de crianças às quais se permita amar a vida e não odiá-la.

Mas, ai de nós, a vasta maioria das crianças está condenada desde o princípio — condenada pela disciplina, pela pregação, pelo castigo, condenada pela doutrinação dada por pessoas que, em seu tempo, foram levadas a odiar a vida.

Assim, quando vou a uma conferência de professôres e ouço discursos sôbre exames e carreiras, sinto-me apenas enjoado. A única boa educação, no lar ou na escola, é a que permite liberdade de emoções.

CASAMENTO

Somos judeus e nosso filho quer casar-se com uma cristã. Deveríamos proibir êsse casamento?

Não sei se os senhores são ortodoxos ou não. Podem jamais ir à sinagoga e ainda assim manterem as tradições de sua religião e de sua família. Apesar disso, espero que permitam o casamento de seu filho com a cristã que êle ama. Espero isso por amor dos senhores tanto como por amor de seu filho.

Conheci, certa vez, um famoso artista judeu que teve de "viver em pecado" com a sua bem-amada até a morte dos pais. Aquilo tudo parecia tão idiota, tão estúpido, tão estreito! Contudo, não é apenas a Religião que procura controlar o amor: as classes sociais exercem também as mesmas pressões, porque Park Lane não procura suas noivas em Whitechapel. Na vida real, um príncipe-comerciante raramente se casa com uma Cinderela.

Proíbam o casamento e perderão a confiança e o amor de seu filho. Querem que pese em suas consciências tê-lo impedido de se casar com alguém que êle ama? Como se sentirão os senhores se êle se afastar dessa môça e então casar com uma judia aceitável, que o leve a um inferno? Naturalmente, isso pode não acontecer — mas, insistimos, também pode acontecer. E se acontecer, êle estará sempre pensando: *"Meu pai e minha mãe meteram-me nesta confusão e arruinaram minha vida"*.

Os pais são com freqüência inclinados a julgar um casamento em potencial pelas exterioridades. *"Ela toca piano tão bem e seu pai é um médico altamente respeitável"*. *"Êle é bacharel e seu pai é superintendente das Escolas"*. Como se tocar piano e ter um pai vitorioso garantisse compatibilidade e felicidade!

Os pais também vêem as coisas de través, dependendo de olharem para os próprios filhos ou para seus genros e noras. Há uma história muito esclarecedora sôbre uma visita que perguntava à vizinha:

— Sra. Rosenberg, como está sua filha Shirley?

— Oh! Shirley? — veio a resposta. — Ela tem um marido tão maravilhoso! Casaco de vison, Cadillac, criados em penca! Um marido tão bom! Leva-lhe a primeira refeição na cama e ela só se levanta ao meio-dia. É um príncipe!

— E seu filho Sam?

— Sam? Com que peste se casou! Deu-lhe um casaco de peles, um carro, dá-lhe tudo quanto é luxo. Ela, porém, fica na cama até o meio-dia! Não se levanta nem mesmo para tomar a primeira refeição!

Qual sua opinião sôbre um casamento misto?

Acho que me sentiria um bocadinho preocupado, não a propósito do casamento, mas a propósito dos filhos, porque em nossa sociedade um mestiço deve sentir-se inferior. Eu próprio, porém, vivo numa sociedade onde ninguém se importa se uma menina é mulata. O mesmo com o anti-semitismo. Temos crianças judias em Summerhill e ninguém se importa. A maioria das nossas crianças nem sabe quem é judeu.

Minha filha tem dezesseis anos. Está completamente apaixonada por um jovem de vinte, que freqüenta o colégio. O rapaz deseja casar-se com ela e minha filha me pressiona para que eu consinta. O jovem tem pais ricos que concordam em mantê-lo durante o curso e mesmo algum tempo depois, de forma que não há, aqui, obstáculo de caráter econômico. Contudo, penso que dezesseis anos é muito pouca idade para casamento. Minha filha é tão amadurecida quanto qualquer outra môça de sua idade, mas não consigo vencer minha convicção de que ela é jovem demais para se casar. Que acha o senhor?

Pessoalmente, eu deixaria que ela se casasse com o rapaz, mas posso ver claramente sua preocupação material. A môça está pronta para a vida sexual, e deseja-a. O casamento pode terminar em malôgro, mas o mesmo poderia acontecer se ela tivesse vinte e seis anos.

Deixe-me fantasiar um pouco. O môço é chamado pelo recrutamento militar. Morre miseràvelmente no Vietname. A môça grita: "Poderíamos ter tido, pelo menos, um pequeno espaço de tempo de felicidade. Êles não me deixaram viver com amor".

Mas eu simpatizo também com a senhora. O jovem tem dinheiro e a senhora pode imaginar sua filha arrebatada pelas competições e suas inanidades, com tudo quanto a fortuna do jovem pode fornecer — as roupas caras, o grande carro, o louco torvelinho social. Sua filha pode estar recebendo a oferta de um mundo superficial, com tudo quanto é profundo e importante para um lado.

Qual a alternativa? Um sentimento, por parte de sua filha, de que, se ela fôsse amada pela senhora, não viria de sua parte a frustração para seu jovem amor. Pode, realmente, pedir-lhe que espere por mais um ano, mas se pedir que êsse período seja destituído de vida sexual, sua filha ainda irá queixar-se.

É perigoso para os pais interferir no amor. Conheci mais de um caso em que os pais julgaram o casamento inconveniente — classe inferior, a senhora sabe — e não deixaram que se realizasse. Então, a môça, para desforrar-se, casou-se com o homem errado e com a desgraça.

A senhora terá que pesar as conseqüências da sua decisão da maneira mais desapegada que lhe fôr possível. Sua pergunta omite um fator importante: a senhora gosta do jovem, pessoalmente? Acha que tem o equilíbrio preciso para ser marido? Sua própria vida sexual é satisfatória? Se não é, sua ansiedade terá raízes em seu próprio mêdo? Tem receio de quase tudo? Sua filha sente-se infeliz em casa e está procurando a primeira oportunidade para deixá-la?

Outro ponto: os médicos concordam que as môças alcançam a maturidade muito mais cedo do que acontecia na geração passada. Essa môça pode, aos dezesseis anos, estar tão pronta para o casamento como uma jovem de ontem aos vinte e um.

E tenha em mente que muitas môças fugiram do lar quando enfrentaram uma proibição para seu caso amoroso. Se isso acontecer, a senhora terá preocupações muito maiores em sua mente.

Problemas da Infância

Meu marido e eu estamos em desacôrdo sôbre o que devemos fazer com nossa filhinha de seis meses. Eu quero tomá-la ao colo e confortá-la. Meu marido diz que farei dela uma criança mimada e exigente. Que acha o senhor?

Acho que a senhora está certa e seu marido está errado. Criança alguma chora à toa. O bebê pode estar sentindo dor, ou solidão, ou fome. O mais provável é que chore porque deseja ser amado.

Fico a cogitar em quanto a ignorância das necessidades de um bebê é responsável pela doença da humanidade. Criança alguma foi estragada por ter tido demasiado amor. A forma de agir de seu marido dará à criança sensação de fome, e mêdos, possìvelmente uma neurose para tôda a vida. Por favor, compreendam: a criança não está tentando dominá-los. A pequenina tem uma necessidade, um desejo, uma aspiração, e disso não é consciente. Não deformem sua vida jovem.

Amem a pequena e continuem amando-a.

BATER

Eu bato algumas vêzes em minha filha de três anos quando ela faz coisas más. É certo ou errado bater?

Não se trata do que é certo ou errado. De certa maneira é uma forma de covardia, porque a senhora está batendo em alguém que não é de seu tamanho. Penso que não costuma bater em seu marido quando êle se mostra um transtôrno. E por que não ousa fazê-lo? Êle poderia devolver-lhe as pancadas. Naturalmente, a senhora está perfeitamente segura com sua filha de três anos. Ela não pode devolver-lhe as pancadas.

Bater é uma válvula para a cólera, o ódio, a frustração do adulto. Seria interessante verificar se a maioria das mães que batem nos filhos são aquelas que têm vida sexual pouco satisfatória ou são frígidas, ou ainda, odeiam o sexo. Mães felizes não batem nos filhos. Não têm necessidade disso, porque sua condição de bem-estar, inconscientemente, lhes é transmitida. A tradição e a opinião pública postulam que as crianças são automàticamente amadas pelos pais. Mas se um homem e uma mulher deixam de amar-se mùtuamente, as crianças podem ser criadas numa atmosfera infeliz e destituída de amor.

Muitas crianças comportam-se mal deliberadamente, mas inconscientemente. "*Mamãe não gosta de mim, e se não posso ter seu amor terei seu ódio, porque preciso obter dela alguma reação importante*".

Em vez de bater no filho seria muito melhor que a mãe se sentasse a ponderar se o que ela própria está fazendo é errado. "*É a minha vida apenas uma existência? Sacrifiquei minha carreira no palco por amor dêsses moleques que fazem da minha vida um inferno?*" "*Estou quase com quarenta anos. Sei que meu marido olha para mulheres mais jovens... Largue isso, menino! Toma!*" Mãe alguma, descontente, pode educar bem sua família. Ela inspirará mêdo, mas não amor.

Que acontece quando a senhora bate em sua filha? Para começar, a senhora incute mêdo na criança, coisa que ninguém tem o direito de fazer. A seguir, perde o amor da criança. A afeição contrita que ela mostra depois de ser batida é falsa, insincera, inspirada pela rejeição.

A pior mãe é a que grita: "Não gosto mais de você!" Se há essa coisa chamada pecado mortal, aí está ela. Tôda criança procura amor e segurança. Cada pancada é um profundo choque psicológico. A pobre criança nada sabe a respeito de projeção, não compreende que papai teve um mau dia no escritório com seu patrão, não compreende que a cólera de papai está mal dirigida – é a cólera que êle não ousou mostrar no serviço. A criança não sabe que a mãe pode sofrer carência sexual, ou pode ter desenvolvido uma fixação sexual por alguém em sua infância – possìvelmente o pai — e é, portanto, incapaz de ter uma vida amorosa com o marido.

Quando um menino é espancado por ter entrado em casa com lama nas roupas, não sabe que sua mãe tem mêdo do que pensam os vizinhos, porque muitas crianças são punidas sòmente para satisfazer a opinião da vizinhança. A senhora vê isso nos carros da estrada de ferro quando o garôto corre pelas passagens entre os bancos. "Preciso mostrar a essa gente que meu filho é bem-educado!" — pensa a mãe. E bate nêle!

Estou esquecendo que uma criança pode ser um transtôrno mesmo para a mãe mais equilibrada — suas constantes disputas, sua mania de mexer em tudo quanto os adultos valorizam. As disputas são, habitualmente, inspiradas pelo ciúme, e na maioria das famílias há grande porção de ciúme. Além disso, o ciúme inconsciente cresce com o simples fato de que um pai não pode amar, por muito que o afirme, cada um de seus filhos com igual fervor. Um dos pais pode preferir um filho ao outro, e a criança sentirá isso, embora não o possa sentir conscientemente.

Se há um remédio para se bater num filho, êle está no auto-exame da parte do adulto irritado. Bater é símbolo de castração. Quebra a vontade, induz ao ódio, pode arruinar uma vida. Milhões dos que receberam pancadas na infância continuam batendo nos próprios filhos, mais tarde. Talvez castiguemos porque somos uma civilização cristã. Se pecamos, o castigo espera por nós logo ali, e o inferno espera por nós no futuro.

Pais que batem nos filhos são pessoas mesquinhas, odientas, covardes. Eu desejaria que os pais pudessem adquirir alguma consciência do que realmente são... pessoas pobres, não-desenvolvidas, infelizes, revestidas de pretensiosa autoridade que não podem usar decentemente, por serem demasiado imaturos. A maior parte dos pais, ai de nós, não pode evitar ser como são, por terem sido vítimas e produtos de uma educação, na escola e no lar, que ignorava a natureza da criança.

ESPÍRITO DE DESTRUIÇÃO

Vivemos num pequeno apartamento de três cômodos, o melhor que nos podemos permitir. Temos alguns objetos e lembranças

que estimamos, e estamos em constante agitação, não vá nosso filhinho subir a uma cadeira, alcançar aquelas coisas tão bonitas e quebrá-las. Sabemos que, idealmente, deveríamos ter uma sala separada para o pequenino, onde êle nada pudesse destruir que para nós representasse valor. Como pais dedicados às idéias de Summerhill, preocupamo-nos profundamente em não sobrecarregá-lo de restrições sôbre não tocar nisto ou naquilo. O senhor nos pode dar algum conselho?

Aqui temos um problema universal, o da brecha existente entre os valôres juvenis e os valôres adultos. Em todos os lares, pais têm de dizer aos filhos que não mexam em certas coisas — na tentadora cauda do gato, nos aparelhos da cozinha, nas tomadas elétricas. No caso em tela, a melhor solução seria os pais guardarem tôdas as coisas de valor em armários fechados ou em prateleiras altas.

De certa forma, seu filho tem valôres mais reais do que os seus. Para os pais, ornamentos, fotografias etc. têm um valor estático. O desaparecimento dessas lembranças e artefatos não faria, realmente, a mais ligeira diferença na felicidade cotidiana do adulto médio. Para a criança, os objetos adorados são coisas para se mover, para fazer algo com elas — a satisfação de ouvir um jarro de vidro despedaçando-se no chão, por exemplo.

Geralmente, a mãe é quem dá excessivo valor às coisas, é ela quem compra vasos que pouco significam para o pai, e menos ainda para a criança. Quase tôdas as casas estão atravancadas com um bricabraque que muitas vêzes nem mesmo é ornamental... a fotografia da família sôbre o rebôrdo da lareira, a vasilha que Tia Mary mandou no último Natal. Eu quase sinto vontade de dizer que seria uma boa coisa que o menino recebesse tudo aquilo para dar cambalhotas em cima, embora confesse que isso esta fora de cogitação.

O ponto verdadeiro é que milhões de crianças estão sempre sendo sacrificadas a coisas e a estúpidos tabus. "*Sente-se direito na mesa. Não comece a comer enquanto ainda se está servindo os demais. Não ouse derramar nada no chão da cozinha.*"

Tudo isso é uma questão de valôres. Um pai pode bem dizer a si mesmo: "*De que sentiria eu mais falta: de meu filho ou dêste jarro de cristal para água?"* Guarde o jarro até que a criança cresça e a senhora possa ter os dois – a criança e sua preciosa peça.

Nosso filho de seis anos gosta de quebrar vidraças. Poderíamos encorajá-lo a continuar mas não temos condições para pagar os prejuízos. Que podemos fazer?

No momento, Summerhill tem um garôto assim, também de seis anos. Teve uma educação muito severa e perguntei-lhe se em casa dêle costumava quebrar vidraças. "Sim, mas agora não quebro porque apanho de chicote."

É evidente que o pequenino está em busca de amor. É um dêsses casos típicos em que o pensamento inconsciente é: *"Se não posso obter amor, hei-de obter ódio."* Nosso pessoal faz o que pode para demonstrar amor a êsse garotinho. A quebra de vidraças é seguida de abraços e aprovação. Mesmo os nossos alunos fazem o que podem por êle. Em seus tribunais jamais o acusam de destruição por capricho. Sabem o que há por baixo de tudo aquilo e se solidarizam com o pobre molequinho.

Não tenho idéia de como funciona o seu lar e apenas posso supor que seu filho de alguma forma se sente negligenciado. Está, sem dúvida alguma, tentando atrair atenção. Estou certa de que o castigo só servirá para que êle se comporte ainda pior.

Se a senhora pudesse fazer tal coisa, ainda assim eu seria contra a idéia de vê-la juntar-se a seu filho para a quebra de vidraças. Conheci um professor que teve um surto de quebra-vidraças em sua escola. Reuniu-se à brincadeira e tôda classe desatou a chorar porque sabia que êle estava fazendo algo em que não acreditava. Quando Homer Lane, grande educador, se reuniu aos seus garotos delinqüentes em destruição, era, também, um sorridente menino de escola. Lane dispunha de empatia para com os meninos menos privilegiados, privados de carinhos. Tinha o poder de se colocar no lugar do rapaz. Lane agia pelo caminho da emoção. Quando lidamos com crianças não devemos agir por considerarmos que o método é correto. Devemos *sentir* que o método é correto.

Meu conselho prático para a senhora: dê ao menino um tambor e um assobio e tantos brinquedos de metal quantos sejam necessários para êle fazer um barulho infernal. Isso poderá servir como completa válvula de escapamento. É então, pais, podem começar a se preocupar com o que fazer para acalmar os vizinhos. Mas, o que realmente importa acima de tudo: dêem ao garôto tanto amor quanto forem capazes de dar.

Pouquíssimos são os pais que fazem as perguntas exatas: "*Por que meu filho está quebrando janelas? Por que êle está furtando? Por que meu filho encontra prazer em destruir?*" Se aceitamos a psicologia de *Lord of Flies*, de William Golding, a resposta é fácil. Um menino é um jovem demônio: tem que se tornar bom pelo exemplo adulto, pelo castigo e através da modelação do caráter.

Minha resposta é que um jovem demônio — quando livre para ser êle mesmo, sem compulsão exterior — torna-se um ser humano social. Com o tempo, naturalmente.

Se um menino é odiento e destruidor, está protestando contra algo no lar: falta de amor paterno, ou excessivas, estúpidas e desnecessárias restrições: "*Não ponha os cotovelos na mesa, menino!*"

Deixe-me enfatizar: *A CRIANÇA FELIZ NÃO DESTRÓI.* Onde quer que haja uma criança destruidora os pais devem perguntar a si mesmos: "*Porque meu filho não é feliz?*"

ATEMORIZANDO E BRIGANDO

Sou mãe que trabalha fora. Meu filho de cinco anos fica numa creche-escola, enquanto estou trabalhando. Sua professôra diz que êle é muito rude com os outros meninos, batendo nêles e tomando-lhes as coisas. Que posso fazer para que deixe de ser assim?

Nada pode fazer. Tudo quanto pode fazer é sentar-se e perguntar a si mesma o que aconteceu ao menino para que êle se torne assim agressivo.

Espancou-o, ralhou raivosamente com êle? É feliz em seu casamento? A agressividade dêle é imitação da sua ou da de seu marido? Êle deve ter uma vaga emoção de que a senhora não o ama bastante, senão não o colocaria numa escola o dia inteiro. Mas essa é uma realidade contra a qual nada se pode fazer.

Como posso responder a uma pergunta como a sua, se não sei se o menino tem irmãos ou irmãs que o atemorizem em casa? Não tenho idéia da espécie de escola em que o menino está. É provável que seja uma daquelas onde os alunos estabelecem tôdas as regras. Mas a escola jamais é tão importante quanto o lar. O comportamento de uma criança é condicionado pelo lar.

Crianças auto-reguladas parecem fazer-se menos agressivas do que as outras. Em linhas gerais, não as vejo atemorizando outras crianças, destruindo ou brigando. A agressão significa ir para a frente sem se importar com os demais. Isso é o que uma criança pequena faz. *Eu também! Eu primeiro!* Mas o tempo cura essa espécie de agressividade — se a criança sentir-se livre.

Homer Lane costumava explicar isso da seguinte forma: uma criança pequena quer comer uma maçã *inteira*. Se lhe disserem que reparta a maçã com a irmã, êle, naturalmente, detestará a irmã. Mais tarde, na vida, pode ser que êsse mesmo menino encontre prazer em partilhar a maçã com a irmã do que em comê-la sòzinho.

Durante a idade de quadrilheiro — dos 8 aos 14 — os meninos muitas vêzes gostam de atemorizar e destruir. Em Summerhill um menino de oito anos respondeu, quando lhe perguntaram por que batia sempre numa menina de seis: "Porque ela se parece com a maldita da minha irmã!" Em meninas, por outro lado, a agressão toma a forma de baixeza.

Quando os professôres são agressivos, seus alunos seguem-lhes o exemplo. Quando os pais castigam, fazem seus filhos agressivos. Os alunos mais agressivos que já tive foram os que provinham de lares e escolas mais disciplinadores. Quando insultado ou difamado, um aluno inteligente pode revidar o golpe com uma resposta viva e espirituosa, mas o rapaz bronco apenas revidá-lo-á à fôrça de punhos. Sargentos brutais do Exército são, em geral, homens estúpidos, crianças adultas.

Em liberdade, a agressividade de uma criança vem à tona e é gasta a seu tempo. Sob disciplina, para onde vai a agressividade? O ódio conserva-se soterrado profundamente na personalidade, pronto para brotar mais tarde em atitudes hostis, repressão sexual ou sob outras formas, assim como em belicosidade. A única forma de diminuir a agressividade em nosso mundo é conceder liberdade às crianças para que se desenvolvam de sua maneira própria e a seu próprio tempo.

Os companheiros de seu filho, lenta, mas seguramente, hão de colocá-lo em seu devido lugar, se forem da mesma idade. Peça tempo à professôra e solicite-lhe paciência.

A senhora, como mãe, deve tentar fazer com que o garôto sinta que é amado e não detestado. Não se pode ir muito longe com uma criança de cinco anos através de falatório. Ela não entenderá razão e sim ação. Mas se a ação fôr cólera, espancamento, ou repreensões, o menino dará expansão à cólera que a senhora mostrou em relação a êle, atingindo, na escola, alguém em que possa bater como desforra.

> Meu filho de três anos de idade mostra-se muito passivo quando os outros garotos batem nêle ou lhe tomam os brinquedos. Não se defende, apenas chora. Não gosto de intervir, nem gosto de ensinar-lhe a retribuir as pancadas. Ainda assim, magoa-me vê-lo constantemente atormentado e judiado. Como posso ajudá-lo?

Apenas mantendo-o distante de meninos brutais. Não pode ensinar seu filho de três anos a devolver pancadas, nem, se pudesse, tal coisa seria boa para êle.

Seja lá pelo que fôr, há crianças duras e insensíveis; outras nada têm de agressivas. Mas é melhor que seu filho seja um jovem Gandhi do que um jovem Hitler.

Sei que é duro e doloroso ver o filho sofrer. Fica estritamente a seu cargo dar-lhe tôda proteção possível contra os brutais.

Se êle tivesse dez anos e não três, eu sugeriria algumas lições de boxe.

> Quando estão brincando juntos, os garotos do meu quarteirão batem freqüentemente uns nos outros. Meu filho mais môço tem sido esmurrado por todos — e bastante. Alguns pais, no quarteirão, ensinaram os filhos a devolverem as pancadas, mas não acho muito feliz êsse método e não sei o que dizer a meu filho. Que sugere o senhor?

Quando crianças — e, no caso, também os adultos — oferecem a outra face, essa face é, habitualmente, batida com bastante fôrça. Um Jesus pode ser autêntico pacifista, mas a maioria das pessoas não pode ser pacifista — os brutos vencem. Seis milhões de judeus não-resistentes morreram nas câmaras de gás. O Tibete pacífico foi violado pelos chineses. Crianças morrem de terrível morte quando aviões atiram bombas "napalm". O mundo bate, e continua batendo.

Temos que encarar uma verdade amarga. Os meninos que foram disciplinados com mêdo descarregam seu ódio batendo em meninos menores do que êles.

A verdade é que os mais velhos estão mais protegidos do que os mais novos. Qualquer dona-de-casa pode usar um par de atiçadores de ferro contra um intruso perigosamente armado. Podemos mesmo telefonar para a polícia. Mas o pequeno Willie, atemorizado por uma armadilha de jovens valentões, não tem proteção.

Sim, ensine-lhe boxe, ou jiu-jitsu, ou seja lá o que fôr. Mas ensine-lhe a proteger-se num mundo povoado de agressores.

MENTIR

Meu filho de dez anos mente muito. Como posso corrigi-lo? Andei surrando-o, mandando-o cedo para a cama, tirando-lhe uma refeição, mas nada adiantou.

Por que tentar corrigi-lo? A senhora mesma não mente também, minha boa dama? Não mentiu ao menino quando êle lhe perguntou de onde vêm as crianças? Nunca olhou pela janela, dizendo: "Aí vem aquela horrorosa senhora Smith?" E mais tarde, indo ao encontro da Sra. Smith, não a recebeu com um grande sorriso, dizendo: "Muito prazer em vê-la, Sra. Smith!" O que estou perguntando, realmente, é se, ao mentir, êle não estará imitando a mãe.

Mas, supondo que a senhora seja uma mãe muito boa, talvez o filho tenha uma imaginação bem dotada que um dia poderá fazer dêle um brilhante romancista. Estou pondo de parte uma causa comum de mentira, o mêdo de ser descoberto.

O menino talvez se sinta inferior — é de estatura baixa? Pode estar-se compensando pela sua insignificância tornando-se importante: "*Vi dez enterros hoje*". Viu apenas um.

Seja qual fôr a causa de suas mentiras, castigá-lo é perigoso. A senhora está acrescentando mêdo ao seu complexo. Ainda mais, a senhora está matando seu amor natural pela mãe. Está dando ao menino a sensação de culpa.

A senhora está fazendo com que êle diga "não" à vida. A senhora não sabe se êle estará mentindo para esconder sua culpa no que se refere à masturbação. Pode ter tentado modelá-lo para ser um bom menino e êsse talvez seja o protesto dêle.

A senhora não pode corrigi-lo. Eu muitas vêzes "corrigi" um mentiroso patológico pedindo-lhe que respondesse com uma mentira tôdas as perguntas que eu lhe fizesse. Penso, agora, que cometi um êrro. Talvez tivesse destruído em flor sua criatividade. Dizer uma mentira é pecadilho menor. Viver em mentira é tragédia maior.

Que faz o senhor com uma criança que exagera os fatos? Meu filho não é pròpriamente um mentiroso, mas, com certeza, desfigura a verdade. Dirá que fêz 18 pontos num jôgo de bola-ao-cêsto quando fêz apenas 8. Dirá que teve distinção e louvor em Biologia quando de fato teve um plenamente.

Eu nada faria. Ao que parece o rapaz se sente tão inferior que precisa engrandecer seu ego mostrando-se um sabidão. Está fazendo apenas o que todos nós, de uma forma ou outra, fazemos. A história está completa em "*O Homem que Conheceu Coolidge*", de Sinclair Lewis, adorável história de um vendedor que estêve na mesma classe freqüentada por Coolidge na escola. Estava sempre gabando-se de ser amigo do presidente. Transpirou uma vez — só uma vez — que Coolidge tinha falado com êle no *campus*, fazendo um comentário sôbre o estado do tempo. E essa é a história de todos nós.

Seu filho não é absolutamente anormal. Seu fim é tornar-se importante. A senhora deveria tentar pensar por que a vida para o rapaz é tão insípida e por que êle sente com tanta fôrça que precisa exagerar os fatos a fim de se atribuir alguma importância.

Também pode ser, como já disse, que o rapaz venha a ser um romancista ou um comediógrafo. Nunca sufoque a imaginação de uma criança: sua educação escolar se incumbe eficientemente dêsse trabalho.

O melhor é sentar-se tranqüilamente e tentar recordar-se das muitas ocasiões em que a senhora mesma exagerou a verdade. Tanto quanto me parece, o garôto pode estar imitando os pais.

"Tio Fred" — diz a mãe — "Oh! Êle está num bom emprêgo do govêrno". Tio Fred está em Sing-Sing.(*)

Pais, examinem-se, e riam de si próprios, deixando seu jovem gabola em paz.

> Meu marido e eu estamos desolados. Não temos a menor idéia da razão por que nosso garôto de doze anos é tão gabola, mentiroso, e — digo isso envergonhada — brutal. A atmosfera de nosso lar, que é, pelo menos, normalmente conveniente, não poderia ter produzido tais características no menino. O senhor tem algum conselho a dar?

Caros pais, por que se preocuparem tanto? Todos nós somos mentirosos, mesmo quando inconscientes de nossas mentiras.

Um amigo meu está aprendendo a tocar violino. Não tem absolutamente qualquer talento musical. Recentemente, perguntou-me: "Que tal acha que me vou saindo?"

"Ótimo" — menti eu, prontamente.

As boas maneiras fazem com que a maioria, entre nós, minta. A maioria das crianças mente porque tem receio das conseqüências se disserem a verdade.

E quem não é gabola? A polidez é, em grande parte, o que nos refreia em nosso desejo de exibição. Quem é tão destituído de egoísmo a ponto de não sentir um frêmito de entusiasmo quando vê o próprio rosto na TV? Mas, naturalmente, gabolice demais sempre trai um grande senso de inferioridade. Se seu menino, seja qual fôr a razão disso, se sente inferior, a senhora não obterá resultado chamando-lhe a atenção. Proibir-lhe de gabar-se não o curará de sua inferioridade.

Certa ocasião tive na escola um garôto de treze anos que se gabava o dia inteiro. Os que o ouviam já estavam tão caceteados

(*) Penitenciária dos Estados Unidos.

com seu falatório que o deixaram para fora de seus grupos. Quando êle compreendeu o que lhe estava acontecendo modificou sua gabolice. Aquilo foi chegar às falas com o melhor dos professôres: realidade. Se êle tivesse ouvido sermões dos pais e dos professôres, teria, simplesmente, reprimido seu desejo de gabar-se até encontrar uma ocasião propícia para fazê-lo diante dos de seu grupo etário. Sermões jamais curaram fôsse o que fôsse.

Brutalizar já é assunto mais sério. A criança de hoje vive numa atmosfera de violência. Nossas histórias em quadrinhos, nosso rádio, nossos filmes, porejam sadismo. A criança que reage a êsse meio odiento deve ser a que tem problemas de ódio que lhe são próprios. Por acaso seus irmãos e irmãs o dominam? Foi êle educado em alguma religião de mêdo? Os pais se detestam mùtuamente? Foi êle punido por masturbação? Detesta a escola? Se os pais têm condições para isso, algumas conversas com um bom médico poderiam ajudar bastante.

FURTAR

Meu filho de nove anos anda furtando em lojas. Que posso fazer?

Não há, realmente, uma resposta simples. Cada caso é diferente. Estou convencido de que a maior parte dos casos de furto em crianças é devido à falta de amor no lar. Se não deu amor a seu filho de nove anos, é difícil dizer, exatamente, o que fazer para compensar a deficiência, da noite para o dia.

Tôdas as crianças chegam a furtar, uma vez ou outra. A maior parte dos adultos furtará, se puder — um oficial da alfândega contou-me, certa vez, que tinha de manter ôlho vivo com sacerdotes. Bons pais não farão escândalo quando Tommy furta um níquel da bôlsa da progenitora.

Os pais dados a moralizar é que são perigosos. "*Menino mau! Não sabe que está fazendo uma coisa errada?*" Fico a pensar em quantos delinqüentes terão tido mãe dada a moralizadora. É altamente perigoso incutir numa criança a sensação de culpa. O melhor meio é dizer: "Tommy, você tirou um dólar que era meu. Trate de devolver, o dinheiro é meu". Assim está certo. O que não está absolutamente certo é tomar a atitude de moralizador, fazendo sentir que o garôto é mau e pecador.

Ninguém é completamente honesto. Nós, adultos, somos tão embusteiros nisso de honestidade! Quantos de nós são honestos por mêdo da polícia? Se fazemos uma ligação interurbana de um telefone público e a telefonista diz: "Passaram seus três minutos, senhor. Eu lhe direi qual é a taxa extra quando tiver completado seu chamado", quantos entre nós continuam falando e depois saem furtivamente da cabina? Oh! Trata-se apenas da companhia telefônica, e a gente tem o direito de lograr aquêle colosso. Honestidade? Bolas!

Há muitos pais que logram o Departamento do Impôsto de Renda e surram os filhos porque furtaram.

Numa recente viagem de trem, todos os lugares estavam tomados, de forma que eu fui para um carro *Pullman*, pronto para pagar a diferença. Numa viagem de muitas horas ninguém apareceu para examinar a passagem. Por acaso fui ao guichê de estação e disse: "Viajei num carro *Pullman* e quero pagar a diferença"? É tão fácil raciocinar, tão fácil argumentar: "Se a companhia quer perder dinheiro não mandando o homem recolher as passagens, por que haveria eu de ajudá-la"? Sim, somos todos piedosamente honestos até chegar a hora.

Liberdade produz uma tremenda quantidade de tolerância. Pelo menos três pais se queixaram, falando comigo, de que Summerhill tinha feito seus filhos *demasiadamente* tolerantes. Em 45 anos jamais vi um júri infantil de Summerhill punir um jovem ladrão pelo furto. Tudo quanto exige é que o ladrão pague o que furtou. Por favor, jurados adultos, imitem aquêles jurados infantis!

Faz pouco tempo que Alfredo fêz doze anos. Na semana passada recebi um bilhete do diretor de sua escola, dizendo que êle tinha sido apanhado furtando algumas frutas do mostruário de uma mercearia. Foi classificado de ladrão. Seu castigo consistia em ficar uma hora a mais na escola, durante trinta dias. Sei que êle agüentará êsse castigo extremamente severo, mas não quero que meu menino se sinta culpado pelo resto da vida e se retorça sob a vergonha de ter furtado. Que posso fazer para melhorar essa situação?

Eu teria dado ao menino um dólar de recompensa pela sua audácia, mas é que me preocupo mais com o menino do que com as frutas furtadas.

O trabalho do diretor deveria ser o de tentar saber *por que* seu menino furtou. Essa digna pessoa, ao que parece, ignora que o ódio jamais curou coisa alguma. Sua punição foi simplesmente fruto do ódio.

A maior parte das crianças furta, a uma altura ou outra. A maioria tem a sorte de não ser apanhada. Castigo severo pode fazer de um menino um inimigo da sociedade. "*Êles me castigaram duramente, portanto que vão para o inferno! Eu os combaterei para sempre e serei anti-social para sempre*". Felizmente, a maioria dos meninos é saudável e não chega a ter reação tão violenta.

Geralmente, os professôres são homens ignorantes. Pouco sabem de Psicologia. Andam pelo caminho mais fácil. Para êles, punição, pelo menos, resguarda a responsabilidade de investigar a *causa.* Castigo dá ao professor uma vida tranqüila. Lamentàvelmente, êsse é o tratamento universal nas escolas de todos os países.

Mas, minha cara senhora, pergunte a si própria se está dando ao rapaz bastante amor. Estou convencido de que a maioria dos jovens ladrões furta simbòlicamente.

Em Summerhill, naturalmente, temos algum furto vez ou outra, mas tratamos do caso sem introduzir castigos. Tudo quanto a comunidade escolar pede é que o dinheiro seja devolvido. E eu sempre aviso os jovens ladrões que se êles furtarem fora da escola a polícia poderá ser chamada e então não estarei em condições de protegê-los. Porque a lei, como o tal diretor, procura castigo.

Um pai ousado teria perguntado ao diretor se *êle* nunca furtou quando tinha doze anos. Um mau professor é sempre aquêle que esqueceu sua infância e, portanto, está completamente fora de contacto com os jovens.

Pergunta-me a senhora o que pode fazer para ajudar? Ame seu filho, abrace-o, aprove-o. Diga-lhe, francamente, que o professor está errado.

MAU HUMOR

Meu filho, John, é um mal-humorado. Tem doze anos. De cada vez que eu ou meu marido lhe pedimos para fazer qualquer coisa a que não está disposto, resmunga e emburra. A verdade é que fica mal-humorado, venha a ordem de um de nós ou de qualquer outra pessoa. Alguns de seus amigos chamam-no "Chorão", porque se afasta e emburra quando não consegue fazer o que quer num brinquedo. O senhor tem alguma sugestão?

Não, não tenho sugestões.

Mas, por que se preocupa? A maioria das pesoas fica de mau humor quando se irrita ou se senti infeliz. Um menino mal-humorado sente que não foi tratado como esperava. Não pode vingar-se das ofensas dos adultos e o mau humor representa sua agressão reprimida contra autoridade. Se emburra em casa, seu ressentimento estender-se-á a seus brinquedos com os companheiros.

Emburrar é um fenômeno interessante. Uma espôsa critica o marido. Em vez de revidar, êle emburra... *"Eu me vingo, sua peste, não falo com você"*. O mau humor toma lugar do revide ao insulto.

Se eu fôsse a senhora, perguntaria a mim mesmo o que estou fazendo ao menino para despertar sua agressão não efetiva. O rapaz tem ressentimento. Deve sentir que está sobrando por aí.

TELEVISÃO

Jimmy é um bom garôto, amoroso e bondoso, mas fica sentado o dia inteiro, colado na TV. Não lê uma palavra. Que posso eu fazer?

Chut, chut, não podemos tocar o relógio para trás. A televisão veio para ficar.

Televisão matou muito da leitura. Quando eu era menino, li o *Ivanhoe*, de Scott, pulando as descrições da paisagem. Hoje, um menino pode aprender a história em setenta e cinco minutos, na TV.

Se um menino passa o dia sentado num banco estudando o que não o interessa, tenderá a continuar o mesmo processo no lar e sentar-se passivamente diante do mundo de fantasia que a maioria dos programas de TV fornece. O garôto está-se evadindo. É mais fácil evadir-se observando uma tela do que lendo um livro. Mas nada se pode fazer nesse caso, porque a senhora não pode compelir um menino a ler ou a usar as mãos numa tarefa.

Não há motivo para alarma, meus caros pais; a fase não durará para sempre. Se o menino tem fibra, energia e ambição, pôr-se-á a caminho – quando estiver pronto para isso.

Eu gostaria de ver feita uma experiência, nas escolas. Fazer do dia um longo espetáculo de TV, e depois observar se os alunos não se voltarão para o fabrico de coisas com madeira ou metal, argila ou agulhas, como escapatória da passividade.

A senhora diz que êle não lê. Fico a cogitar se isto tem grande importância. Conheci homens que leram tudo, eram enciclopédias ambulantes, e sempre tinham resposta para o que se lhes perguntava. Entretanto, se sabiam muito compreendiam muito pouco! Ah! Mas eu tenho um preconceito: prefiro, a qualquer momento, os que agem aos que lêem. Eu próprio compraria mais depressa um tôrno do que a Enciclopédia Britânica.

Não apoquente Jimmy dizendo: "Por que não sai da frente dêsse televisor e lê um livro?" Isso poderia transformar Jimmy, de "amoroso e bondoso", em um menino rebelde.

ALIMENTO E ALIMENTAÇÃO

Meu filho tem onze anos e vinte e dois quilos a mais do pêso normal. Deveria forçá-lo a fazer dietas?

A senhora pode levar um cavalo à água, mas não pode forçá-lo a beber. Duvido muito que algo possa ser feito pelo menino, em casa. Rapaz algum se sente feliz comendo a salada da dieta quando vê o resto da família se alimentando com toicinho e ovos.

Se uma criança não vê a necessidade de algo, é muito difícil levá-la a mudar sua maneira de ser. Se seu filho fôsse adolescente e as môças rissem dêle, à sua passagem, por causa da gordura, teria um motivo para emagracer. Um menino de doze anos, porém, não vê motivo para ser magro. Mas, por que se preocupar tanto? Vi crianças que eram gordas aos dez anos e delgadas aos vinte.

Embora má função de glândulas seja coisa extremamente rara, a obesidade dêle talvez tenha a ver com a alimentação que absorve. Só um médico pode julgar se as glândulas do rapaz estão ou não funcionando como devem. Mas se o médico lhe disser que êsse funcionamento é normal, deixe o menino em paz.

Meu filho de seis anos é muito exigente no que se refere a comida. Parece gostar apenas de "hamburger", bife e sorvete. Não podemos servir bife com freqüência, e meu marido e eu estamos fartos e enjoados de tanto comer "hamburgers". Qual é a solução?

Se seu menino é exigente em matéria de comida, de-lhe o que êle gosta, mas não o alimente às expensas de forçar todos os demais membros da família a adaptar seus gostos aos dêle. Seu menino quer viver de "hamburgers"? Muito bem. Mas isso não deve significar que os demais da família devem viver de "hamburgers". É errado forçar uma criança a comer o que ela não deseja comer, mas é igualmente errado forçar a família a comer apenas o que um membro da família prefere.

Em Summerhill temos um menino que recusa comer carne de carneiro, rosbifes, salsichas, ou verduras. Tudo quanto deseja é um grande prato de batatas e manteiga. Damos batatas e manteiga ao garôto todos os dias porque são fáceis de preparar. Mas se êle quisesse *chow mein*(*) ou pato com laranja, não sonharíamos em atender. A julgar de experiências passadas, depressa chegará o dia em que o menino quererá comer o que as outras crianças estão comendo. Mas, seja como fôr, seria ridículo se disséssemos: "Jimmy gosta apenas de batatas e manteiga, de forma que todos vocês, meninos, passarão a usar essa mesma dieta". Para mim, parece igualmente ridículo a senhora dizer: "Meu filho só gosta de "ham-

(*) Iguaria chinesa, espécie de ensopado de galinha, cogumelos, salsa, cebola etc., que é servida com macarrão.

burgers", de forma que eu e meu marido agora vamos passar a comer apenas "hamburgers", um dia sim e um dia não".

Meu conselho prático é dar ao menino o que quer, dentro do razoável, o que significa que sua dieta deve estar dentro de sua capacidade financeira. Ainda mais, a não ser que seu filho tenha de ser estragado e tornar-se o galo do terreiro, deve ser levado a adaptar-se às necessidades das outras pessoas da família. A coisa deve ser levada na base da combinação: segunda-feira, "hamburguers", têrça-feira, peixe, quarta-feira, macarrão, e queijo, algo assim. Se êle não comer as refeições sem "hamburguers", então, simplesmente, deve passar sem elas. Não se preocupe, êle não morrerá de fome. Irá alimentar-se de pão e água e devastará a geladeira, na cozinha. Encontrará algo para disfarçar a fome, mas não morrerá dela.

Tenho a impressão de que o complexo de alimento em seu filho traz algum elemento de protesto em si. Êle pode estar usando seus gostos e repulsas especiais para proclamar: "*Sou o mandão nesta casa! O que eu digo se faz! Passem-me o sorvete*". A mania de alimentar de Johnny deveria levar os pais a tentar descobrir exatamente qual é a oculta motivação do menino. Qual o simbolismo de suas repulsas particulares?

CHUPAR O DEDO

Meu dentista diz-me que devo fazer algo sôbre o hábito que tem meu filho de chupar o dedo. Êle tem doze anos. Como posso fazê-lo abandonar êsse hábito?

Milhares de crianças têm chupado o dedo e têm seguido para a frente, levando vida normal. Não sei como deter êsse hábito. Todos os métodos de proibição me parecem errados: amarrar as mãos, pôr qualquer coisa de gôsto desagradável no dedo, espancar, fazer sermões. Tudo isso não leva a parte alguma, ou antes, pode levar a algum ponto desagradável.

O hábito de chupar o dedo deve ter alguma relação com o gesto de mamar do bebê. Tal como roer as unhas, é um inofensivo sintoma de alguma fase primitiva, que jamais foi esgotada. Suprimir êsse hábito pode levar o menino a hábitos piores — sujar as calças, por exemplo.

Não vejo que chupar o dedo seja tão importante assim para causar preocupação. Tôda criança abandona êsse hábito em tempo.

SONO

Sam é um garôto irrequieto. Não quer ir para a cama quando chega a hora. A maioria dos garotos já está dormindo às dez horas, mas Sam não adormece. Remexe-se na cama pelo menos uma hora ou duas, tôdas as noites. E queixa-se, para nós: "Por que me põem na cama quando não tenho sono?" Devemos realmente permitir que fique perambulando pela casa até as onze horas, mais ou menos, ou até que sinta sono?

Eu me inclinaria a permitir que êle fôsse para a cama quando quisesse. A própria natureza tratará de regular o tempo, possìvelmente dentro de curto prazo.

Meu filho recusa dormir. Se deixo que fique acordado tanto quanto quiser, no dia seguinte está abatido, e muito cansado na escola. Se insisto que vá para o quarto quando é hora de dormir, êle vai, mas não dorme, e de nôvo está cansado durante todo o horário escolar. Como poderei treiná-lo para que durma em horário regular?

Criança alguma quer ir para cama e deixar os adultos acordados vendo a televisão. Êsse menino pode ter mêdo de ficar sòzinho ou, simplesmente, quer aborrecer os pais, se são severos com êle. Ou talvez a cama para êle significa masturbação e culpa, algo que se deve protelar.

O garôto talvez seja o tipo introvertido que nunca brinca nem corre. O cansaço na escola pode ter qualquer outra causa — talvez deteste as lições. Pode haver milhares de razões para que êle não deseje ir para a cama. Mandá-lo para o quarto parece não causar efeito, e não deveria continuar a ser dada essa ordem.

Em Summerhill, às vêzes, aparece uma criança assim. A comunidade, de vez em quando, vota para que ela seja libertada das regras referentes à hora de dormir e possa ficar de pé a noite inteira. As jovens corujas podem fazer tal coisa no máximo por duas noites, e depois aceitam a regra geral sôbre o assunto. Jamais ouvi falar de êsse método ser usado num lar, mas valeria a pena tentar, já que não há esperanças na compulsão. Pode experimentar essa teoria, cuidadosamente, nos fins-de-semana, para ver se o garôto está cansado quando não há aulas. Pode, também, fazer uma consulta a um bom psicólogo.

BRINQUEDOS

Meu filhinho ganha presentes demais, dados por amigos. No Natal recebeu tanto quanto vinte, brincou com alguns durante pouco tempo e agora lá estão amontoados no quarto. Eu deveria recusar os presentes que as pessoas lhe dão?

Brinquedos são, em 90 por cento, desperdício de dinheiro e material. Especialmente os brinquedos mecânicos. Segundo Vance Packard, os Estados Unidos são uma vasta máquina com engenhocas suplantando engenhocas, conforme decretam os agentes comerciais.

Vejo uma criança recebendo tantas coisas sem jamais ter erguido a mão para consegui-las. O resultado é que essas engenhocas muitas vêzes não têm valor para a criança. Tantos e tão caros presentes dificilmente são apreciados durante muito tempo. Quantas guitarras, solicitadas pelos fãs dos Beatles, jazem sem uso nas casas?

Receio que quando a sociedade tiver maiores lazeres, poucos, muito poucos, serão capazes de usá-los. Hoje, para as massas, lazer significa corridas de cães, bingo, assistir a futebol, ver televisão, sem que nenhuma dessas ocupações tenha um mínimo sequer de criatividade.

Mas, no que se refere ao seu filhinho, não vejo como possa evitar que lhe dêem presentes. Proíba-os, e êle terá ressentimento para com a senhora. Além disso, irá sentir-se inferior a seus amigos que recebem presentes. Afinal, os brinquedos não lhe farão mal e os amigos bondosos continuarão satisfeitos com suas dádivas natalinas.

Não, não proíba os presentes. Junte o ferro velho e, mais tarde, mande tudo para um orfanato.

Faz um ano que Stevie me atormentava por uma bola-de-bater para pugilistas. Comprei-a. Depois de três semanas pareceu cansar-se daquilo e então começou a aborrecer-me para que eu lhe desse um jôgo de boliche. Também isso eu comprei, mas seu interêsse teve curta duração. Agora quer que eu lhe compre uma bicicleta e diz que anseia ter uma. Como é um pouco franzino e precisa de apoio para sua autoconfiança física, estou animada por vê-lo resolver-se a fazer atletismo. Mas vejo que até aqui êle não tem usado o que tem pedido. Recusei-lhe a bicicleta e isso levou-o a fazer um espalhafato terrível. Há alguma condição que eu devesse impor antes de fazer a compra, ou alguma premissa a estabelecer, ou seja lá o que fôr?

Nada de condições, nada de promessas! Seus presentes anteriores não foram fundamentalmente importantes para êle. Mantiveram--no parado em uma sala. Uma bicicleta o levará a explorar o mundo, em derredor. Promete aventura, as outras engenhocas não.

Mas esteja preparada: êle, provàvelmente, andará sem parar com a bicicleta durante uma semana, e depois poderá esquecer-se de trazê-la para dentro de casa e deixá-la fora, exposta à chuva. Todos êles fazem isso, Deus os abençoe.

Mas não se preocupe com isso. É apenas metal que custa algum dinheiro, e dinheiro pode ser substituído.

Os pais nunca deveriam estabelecer condições: "*Se você passar bem nos exames, eu lhe darei uma bicicleta*". Mau, muito mau. E estúpido, também. Estou vendo o fulgor nos olhos de meu bom amigo Henry Miller, se alguém lhe oferece um Rolls Royce para êle se sentar e escrever um livro. Henry daria risada e atiraria ao chão sua caneta.

Veja que o rapaz receba boas instruções sôbre segurança na estrada. Trate do caso agradàvelmente e, se tudo não correr de acôrdo com seu plano, nada de recriminações. O menino é muito mais importante do que a bicicleta.

Devo falar com meu filho sôbre Papai Noel?

Caro e velho Papai Noel! Pensei que o decrépito velhote estivesse morto e que os cartões de Natal fôssem apenas mementos à sua memória. Nestes dias eu jamais conheci uma criança que acredite nêle. Mas a verdade é que dificilmente conheço pais de pouca imaginação. Nesta época de aquecimento a vapor e aquecimento a gás, deve ser difícil explicar que Papai Noel desce pela chaminé. Num mundo povoado pelos jatos, a criança de alguma imaginação ficará cogitando em como o guiador de renas, com seu nariz vermelho, consegue evitar colisões e voar incólume.

Seja como fôr, conte histórias a seus filhos, mas conte-as como histórias, não como fatos. Tenho a impressão de que qualquer dos pais que queira engazopar o filho com Papai Noel engana-lo-á sôbre o nascimento e dirá que o bebê foi trazido por uma cegonha. Tal pai é dos que devem dizer ao filho que êle irá para o inferno se se masturbar, ou perderá a língua se mentir.

É melhor enterrar o velho Papai Noel: há bastante ficção aí fora no mundo, tal como estão as coisas. Se você se sente compelido a se vestir como Papai Noel, seu filho deve saber que está atrás da barba branca e da túnica vermelha. Seu filho deveria, também, ver a mãe enchendo as meias — nada de histórias sôbre milagres...

Minha filha Carol, agora com nove anos, parece ficar o dia inteiro sentada, devaneando. Fantasia é má para uma criança?

Que vem a ser fantasia, afinal? É um pensamento cheio de desejos. Todos nós fantasiasmos, seja qual fôr a nossa idade. Há bem pouco tempo deixei de manter a fantasia de que alguém chamado Rockefeller leria meus livros e dotaria Summerhill com um milhão de dólares, mas a fantasia não me levou a ignorar a realidade do meu trabalho. O homem que construiu o Edifício de *Empire State* deve ter tido, em devaneio, uma imagem dêle, antes de começar a construí-lo. Eu devaneei no que se refere a secrever êste livro.

O Paraíso é uma fantasia que conforta muitas pessoas, especialmente os pobres. Humanistas fantasiam um paraíso terreno que não parece ter existência possível em nosso tempo. Concorde que a maioria das fantasias não chegam a realizar-se. Portanto, se todos nós, adultos, fantasiamos, por que não deveria uma criança ter também a sua fantasia? Fantasia é natural e normal. Retire a fantasia e tôdas as histórias ficarão demasiado insípidas para serem lidas

Seja como fôr, mesmo que a senhora ache que a fantasia é má para a criança, nada poderá fazer a respeito disso.

Problemas da Adolescência

FORA DE CASA ATÉ TARDE

Estou assustada. Minha filha tem dezessete anos e está saindo em companhia de gente jovem, que dirige carros à tôda velocidade, bebe, permite carícias, e talvez mais do que carícias. Volta tarde, às vêzes pelo amanhecer. Não dá importância ao que eu e meu marido dizemos. Que podemos fazer?

IMAGINO QUE CENTENAS DE MILHARES DE PAIS PODERIAM FAZER essa pergunta. Os pais devem encarar a dura verdade de que nada podem fazer em relação a seus filhos adolescentes. Proibições e sermões podem piorar a situação. Despertam todos os ressentimentos ocultos que muitos adolescentes alimentam contra os pais.

A amarga verdade é que o lar é demasiado insípido para os jovens. Havia um anúncio ilustrado para mesa de bilhar em miniatura, que dizia: "Mantenha seus rapazes em casa à noite". Duvido que aquela mesa mantivesse um só rapaz em casa. Lar, para os pais, é um lugar tranqüilo, um lugar para relaxar depois das tarefas caseiras, um refúgio em relação ao escritório. A juventude não quer relaxar: quer movimento. Daí a loucura crepitante. Juventude quer companhia jovem, dança, música, alguma bebida. Juventude procura, antes de mais nada, a companhia de seus iguais. Os pais sensatos aceitarão tudo isso — não só tolerarão, mas tentarão aprovar.

Acho que sua pergunta significa, realmente: *"Estou com mêdo que minha filha fique grávida"*. O melhor caminho para a gravidez é fazer do sexo o fruto proibido. Môças criadas com o senso de liberdade raramente ficam grávidas.

Houve um tempo em que eu acreditava que a severa autoridade exercida pelos pais sôbre os filhos fôsse, antes de mais nada, devida ao ciúme da vida, do entusiasmo e da beleza da juventude. Não tenho, agora, tanta certeza disso. Os pais ficam genuìnamente assustados. O mundo de hoje é cheio de alarmas e desvios. Nossa civilização está muito, muito doente, e as fôrças (Vietname, Rodésia, ódio racial) que muito em breve podem trazer a terceira e última guerra têm sua réplica em nossa sociedade: alarmante aumento do crime, aumento do uso dos estupefacientes, corrida de ratos pelo dinheiro e pela posição social. Vivemos num mundo desequilibrado, certamente um mundo dos mais perigosos. E a geração mais velha foi deixada para trás. A maioria dos pais não pode compreender por que um milhão de môças berram nos espetáculos dos Beatles, ou por que a juventude rejeita as velhas culturas e as velhas religiões. O *Admirável Mundo Nôvo,* de Huxley, é um mundo assustado e que vive o momento presente. Eu disse a um garôto de quinze anos: "Que vai ser quando crescer?" Êle careteou um sorriso: "O senhor quer dizer: *se* eu crescer".

O alarma dos pais é racional, mas será necessário? Os pais que desenvolvem no lar uma atmosfera de mútua verdade não têm necessidade de se preocupar se a filha chega tarde em casa. Se nossa própria filha de dezesseis anos chegasse em casa às duas horas da manhã, minha espôsa e eu não pensaríamos em perguntar-lhe onde tinha estado. Antes de mais nada, ela nos contaria, sem que nós lhe perguntássemos.

A pergunta realmente desce ao seguinte: a senhora está assustada a respeito da filha por causa de sua própria falta de equilíbrio e de fé? Está projetando seu próprio mêdo da vida sôbre a filha?

Aceito os fatos objetivos, o receio de que ela seja levada por aí num carro por jovens embriagados, de se mesclar a uma turma de viciados em drogas, ou de ser seduzida sob a influência do álcool. Mas eu sustento que uma jovem, educada com liberdade e amor, jamais irá até o fundo só pelo fato de estar fora de casa. A melhor maneira de levá-la a errar é fazer-lhe sermões, atormentá-la e atemorizá-la. Dê-lhe a idéia de que sexo é um tópico proibido. Se é religiosa, tenha o cuidado de impressioná-la dizendo que sexo é pecado contra Deus. Então, poderá contar, pràticamente, com a rebelião da môça. E o pensamento, sob tal estímulo, pode dar lugar à ação.

Nossa filha Susan tem dezessete anos. Ontem ela chegou a casa às cinco da manhã e encontrou-me, e a meu marido, sentados, roendo as unhas, não sabendo se chamaríamos a polícia, mergulhados em suor de pânico, ignorando o que aconteceu com ela. Bem, ali estávamos nós, naquele estado, e eis que ela entra. Depois de lhe censurarmos o ter ficado na rua até tarde sem telefonar, ela pouco caso fêz de nossa ansiedade, e gritou, indignada: "Bem, que história é essa? Vocês não têm confiança em mim?" Francamente, não soubemos o que responder a êsse estouro. Há alguma coisa a dizer? Talvez sob isso tudo estejamos preocupados, não vá a pequena cometer algum êrro, embora seja real e honesta a nossa ansiedade pela sua segurança quando ela fica na rua até cinco horas da manhã.

Oh! pobre de mim! Tantas perguntas vindas da América, que parecem indagar a mesma coisa: *"Perdi meu filho, que posso fazer nesse caso?"*

Se minha filha ficasse fora de casa a noite inteira, nem minha espôsa nem eu lhe perguntaríamos onde tinha estado. Ela confia em nós e nós confiamos nela. É assim simples. Não temos o menor receio de que ela se embriague ou engravide.

Veja bem: eu não conheço o ambiente dessa môça de que tratamos e posso imaginar um ambiente pelo qual qualquer pai se preocuparia. Sair com jovens desmiolados que dirigem o carro do velho sob uma carga de álcool, seguir um bando de consumidores de drogas ou alcoólatras, sim, pode assustar. Ponho de lado a questão de sexo porque sedução envolve consentimento dos dois. Se a môça teve boa formação em matéria de sexo, suas possibilidades de ser seduzida são pequenas, a não ser que ela esteja sob influência de bebidas. Mas são tantos os lares mal constituídos que os jovens procuram todos os seus prazeres fora dêle. A volta às cinco da manhã pode ser um protesto contra o fato de ter sido sempre tratado como bebê irresponsável. Se os pais não compreendem os interêsses dos filhos, estão procurando aborrecimentos.

A família compulsiva é o maior perigo para os jovens. A faixa de aço que os pais forjam para prender os filhos às suas próprias e antiquadas noções de vida são armadilhas de aço nas quais, eventualmente, os pais acabam por cair. Tais pais matam o amor e a alegria nos filhos, desde o berço. Tais pais inibem manifestações naturais e o natural desejo.

Mas como podemos censurar êsses pais quando sua inteira educação jamais tocou o mais importante trabalho do mundo — o trabalho de criar filhos? Um dia dêstes ouvia uma môça de vinte e seis anos exclamar. "Tirei meu diploma de colégio com distinção em Matemática, mas desejaria, como desejo o céu, que alguém me tivesse ensinado como me arranjar com êste meu bebê".

Pais são especialistas que nunca tiveram qualquer treino como especialistas. Atiram tôda a carga de suas próprias idéias sôbre religião, política e moral em cima de seus rebentos e depois ficam surpreendidos e amargurados quando descobrem que os filhos se ressentem da carga e perderam todo o contacto com a família.

Delinqüência começa no quarto das crianças. Crie um filho numa forma antinatural, ralhe com êle, espanque-o por ter sujado as calças, e está no caminho para criar um neurótico. Ensine o filho a ser "bom", ensine o filho a temê-lo e a temer a Deus, perverta todos os naturais instintos da criança, e, se ficar com uma criança-problema, deveria saber por quê.

A resposta habitual é a seguinte: "Mas todos os garotos não foram mòldados, e igualmente moralizados? Então, por que sòmente alguns se tornam delinqüentes?" A pergunta é sensata. Não posso responder a ela. Naturalmente, há sempre o fator econômico. Talvez o impacto de um ambiente pobre sôbre uma criança de certa fragilidade produza o miserável resultado. Uma criança nasce numa rua mesquinha. O lar não tem cultura, nem livros, nem conversações sérias. Os pais são ignorantes, dão-lhe bofetões e gritam com ela. Vai à escola onde a disciplina severa e as matérias insípidas levam-na a distrair-se. O campo de recreio é a esquina da rua. Os companheiros são meninos que, devido às mesmas ou semelhantes causas, também são infelizes. Suas idéias sôbre o sexo são pornográficas.

Vê outras pessoas com dinheiro, carros e tôda espécie de luxo. Sente-se desprivilegiada, prejudicada. Na adolescência mete-se numa quadrilha cuja mente é enriquecer depressa, custe o que custar.

Como podemos curar um menino com essa espécie de ambiente? Nossos reformatórios apenas lhe dão mais da disciplina contra a qual o rapaz se havia rebelado. O ambiente de prisão apenas lhe aumenta o ódio pela vida e pela humanidade.

Homer Lane provou que a liberdade pode curar um delinqüente, mas há poucos Homer Lane por aí, e o crime juvenil cresce todos os anos.

Se cada criança fôsse criada à moda de Summerhill — liberdade — o crime juvenil decresceria muitíssimo. A liberdade tem que começar no lar — na verdade, tem que começar na *primeira infância.* Mas a vasta maioria dos pais não têm o conhecimento, a paciência, nem a crença na bondade da natureza humana para fazer o lar um lar livre para as crianças que trazem para êste árido mundo.

Como sempre, divaguei para longe do meu ponto. Dizem-me que êsse é um dos meus maiores encantos. Escritor insípido é o sujeito que se agarra ao ponto, muitas vêzes um ponto obtuso. Voltando à sua filha Susan. Pais, confiem nessa menina de dezessete anos. Deixem-na crescer por seu próprio passo e em seu próprio tempo. Tôdas as vêzes que desconfiarem dela estão perdendo mais uma fatia do amor natural que ela lhes tiver.

E, a propósito, senhora, nunca chegou tarde à sua casa quando tinha dezessete anos?

XINGAÇÃO

Meu caçula aprendeu certa linguagem suja na rua. Jamais ouviu tais palavras em casa. Embora compreendamos que nada há de mal nas palavras em si, ficamos positivamente embaraçados quando êle se sai com uma frase que faz tôdas as cabeças se voltarem. Em nossa sociedade tal linguagem jamais é usada em público. Já lhe dissemos que, pessoalmente, não nos importamos com a sua linguagem, mas que xingar de maneira tão desbragada nos rebaixa diante de nossos vizinhos. Seja como fôr, êle não nos levou muito a sério. Embora tente controlar sua linguagem, de vez em quando algumas coisas bastante horrorosas escapam. Que deveríamos fazer?

Infelizmente, não podem quebrar as regras da sociedade convencional, dizendo aos vizinhos que êles são um bando de embusteiros, pudibundos e hipócritas, que em particular, provàvelmente, olham de soslaio para desenhos relacionados com sexo, casquinam risos e esfregam as mãos, jubilosos, quando ouvem uma piada suja — piadas que não são engraçadas, apenas sujas — e costumam dizer palavrões em seus bares e clubes.

Reparo que quando um urinol aparece num filme, as crianças de Summerhill nunca riem, enquanto todo o cinema cai em gargalhadas. Muito poucas histórias de sexo são engraçadas, a maioria é suja. Ouvi centenas em meu tempo e contei centenas, mas hoje só posso recordar uma história suja que é engraçada. Não a posso imprimir — é uma pena — pois não é realmente pornográfica, é engraçada. Leitores, por favor, não me escrevam perguntando pela história.

Sugiro que seu filho seja aconselhado a discriminar antes os que são pró-vida e os que são antivida. O menino deve receber noção do fato de que algumas pessoas se sentem chocadas. Pais sensatos podem continuar a explicação deixando claro que se essas pessoas se chocam é apenas por terem um interêsse obsceno e pervertido em sexo.

Meus alunos usam um vocabulário bastante espaventoso. Mas se um menino ou uma menina usa uma palavra obscena numa reunião geral de Summerhill, quando há visitantes presentes, é reprovado pelos demais.

Tive uma vez uma aluna de cinco anos. Quando ela estava fazendo a mala para passar as férias de verão em casa, aconteceu que eu apareci em seu caminho.

"Saia do meu caminho, seu *patife!*" — disse-me ela.

"Susan" — respondi — "sua mãe gosta de Summerhill, mas seu pai não. Se você fôr para casa e chamá-lo de patife êle poderá tirá-la daqui e mandá-la para outra escola".

Ao fim das férias, a irmã mais velha disse: "Coisa engraçada aconteceu em casa. Susan não xingou nem uma vez".

Embora devagar, a impostura está cedendo. Há vinte anos não se podia usar a palavra *fuck,* escrevendo. Mesmo no Dicionário de Gíria, de Partridge, aparecia como *f — k.* Quando eu era menino *damn* era *d — n,* e quando Shaw fêz Eliza Doolitle dizer a palavra *bloody,* a imprensa inglêsa imprimiu-a como *b — y.* A publicação de *O Amante de Lady Chatterley* e de *O Trópico de Câncer* foram marcos na estrada para a honestidade.

O difícil no que se refere à xingação juvenil é que muitas vêzes é imitação da xingação adulta. As crianças ouvem homens na rua usarem palavras obscenas, livremente e sem contexto. Se o sexo perdesse sua moralidade e repressão, palavras obscenas teriam pouco uso. Palavras para xingar são palavras vulgares porque pertencem à linguagem do povo comum. Um professor diz *anus*, mas um escavador diz *cu*. Talvez devamos ensinar nossos garotos a xingar delicadamente, gritando: Fornicação! Excremento! Micturição!

> Devido ao emprêgo de meu marido temos que viver numa zona que, para dizer a verdade, não é elegante. Meu filhinho tem procurado camaradagem entre os que, sem querer parecer esnobe, eu chamo da classe trabalhadora. Vem para casa com palavras rudes. Que possó fazer para protegê-lo?

Gosto dessa palavra *rude*. Tem um encantador ressaibo vitoriano. Quando eu estava na escola, lemos a *Elegy in the Churchyard*, de Gray, onde "os rudes antepassados da povoação dormem". Eu pensava que êles estivessem enterrados na secção reservada para os que tinham usado linguagem má.

Alguém, depois de ler sua pergunta, pode perguntar: "Essa senhora é uma esnobe?" Ainda assim, acho que a senhora tem um ponto a seu favor, porque um bom emprêgo tantas vêzes depende de boa dicção, e a senhora deseja que seu filho aprenda a falar com propriedade e não que adquira uma elocução relaxada. Na Inglaterra, um sotaque Cockney(*) ou de Lancashire pode ser a desgraça para o pretendente a certos empregos. Contudo, eu imagino que esteja mais preocupada com a moral de seu filho, especialmente com sua moral sexual, do que com a pronúncia dêle, pois estou certo de que a senhora se arrepia ao ouvir palavras obscenas.

Eu, realmente, não acho que a situação seja séria. Como filhos do professor da aldeia, falávamos o dialeto da aldeia com os filhos e filhas dos lavradores, mas no momento em que cruzávamos os umbrais de nossa casa, falávamos, automàticamente, o que era,

(*) Tradicionalmente a palavra designa o londrino nato ou que em Londres vive há muito tempo, e sua forma característica de falar, principalmente em gíria.

então, o inglês da rainha. O estranho é que nós, garotos, jamais misturávamos as duas linguagens.

Portanto, não perca as esperanças. As palavras de xingação anglo-saxãs que eu aprendi fora não me corromperam. Não corromperão seu filho. Palavras, em si mesmas, pouco significam. É o comportamento que conta. Cara mãe, sua atitude com o filho terá muito mais influência em seu futuro do que tôdas as palavras do Universo.

Meu filho xinga e blasfema. Isso é normal?

Xingar tem pouca relação com um vocabulário inglês pobre. Eu digo *bloody* em lugar de *sanguinary; digo inferno* em lugar de *Hades*. Meus alunos dizem *merda,* em lugar de *excremento*. Por que as palavras anglo-saxãs são indecentes eu não sei, mas suspeito que a proibição de usá-las é coisa de esnobes. Um professor universitário diz *sexual intercourse,* e um marinheiro chama a mesma coisa de *fucking*. Mas, hoje em dia, muitos intelectuais estão aparecendo, também, que preferem as expressões mais simples.

Xingar, de vez em quando, é meramente expressivo e tem pequena implicação. Um cavador escocês descreverá um homem falador como um "heverin hoor", mas o escocês educado dirá que êle é um "blethering Bugger".

Xingar deve ser devido à repressão. As palavras obscenas relacionadas com o sexo são um protesto saudável contra nossa atitude obscena em relação a tudo quanto é sexual, tal como nossas palavras que encerram blasfêmias são um protesto contra as perversões do Cristianismo.

Xingar é normal? Seja ou não, a imitação é normal. Seu menino está apenas repetindo, com prazer, o que ouviu outros dizerem — com prazer.

DIRIGINDO UM CARRO

Johnny tem dezessete anos. Em nosso Estado é permitido dirigir com uma licença de principiante. Nossos legisladores dizem que êle tem idade suficiente para dirigir um carro durante o dia e com certas restrições.

Meu marido e eu não acreditamos que nosso filho tenha estabilidade bastante, com essa idade, para dirigir um carro. Johnny acha que nós somos um par de apavorados e tomou-se de uma grande sensação de estar sendo perseguido. Seu ressentimento por não poder fazer o que os outros rapazes fazem parece estar sempre presente, e êsse ressentimento cresce a cada semana. O fato é que vivemos apavorados pensando em que o rapaz possa entrar num carro e acabar morrendo na estrada, vítima de algum acidente. Que podemos fazer?

Sua pergunta não revela que habilidade tem Johnny nem se êle conhece as leis rodoviárias.

A maioria dos acidentes são causados por jovens. O menor número dêles é atribuído a pessoas de mais de sessenta anos.

Temos, aqui, uma situação difícil. Contrariado, Johnny, com certeza, irá dirigir o carro de outro rapaz, sem o conhecimento dos senhores. Não conheço a psicologia do môço. Tantos acidentes devem ser inconscientemente desejados. O tipo agressivo age como se fôsse dono da estrada e ninguém mais importasse. *"Hei-de passar todos êles. Vou fazer o que quiser e os outros motoristas que vão para o inferno"*.

E há o exibicionista, principalmente se estão môças no carro. *"Veja como eu tirei uma fininha daquele Fusca"*.

Se êle fôsse meu filho, eu o levaria comigo algumas vêzes e sentar-me-ia a seu lado enquanto êle dirigisse. Se êle transpusesse perigosamente, ou passasse carros nas curvas, ou excedesse o limite da velocidade, eu lhe diria, francamente, que não era ainda motorista bastante para guiar o meu carro.

Proibir, apenas, não vai adiantar. Pelo contrário, pode prejudicar. *"Vou mostrar-lhes como dirijo bem. Vou passar todos os carros na estrada"*. Não permita que êle tenha na vingança uma motivação. *"Vou rebentar o danado do carro e será bem feito para êles e para suas estúpidas proibições"*. De qualquer maneira, eu lhe diria que qualquer acidente, mesmo sem nenhuma gravidade, resultaria no término da licença para guiar o carro da família.

FUMO

Nossa filha, Janet, veio para casa, um dêstes dias, fumando um cigarro. Ela tem dezessete anos. Segundo a sua expressão, vi que ela imaginava estar sendo esperta. E o que é mais: ela sabia que seu ato de aberta rebelião seria uma forma de hostilizar-me. Do ponto de vista moral eu não me importo que ela fume ou deixe de fumar – mas estou preocupada com o que se refere à saúde. O motivo de minha carta é que não sei como tratar com essa rebelião de adolescente, e com a sua necessidade de provar que vai mandar em si própria e fazer o que – com os diabos! – ela quiser.

Janet é mocinha sensata, e eu sinto que ouviria a razão se ao menos as portas pudessem abrir-se para isso. Mas a sua necessidade de me repudiar como autoridade, até agora, em sua vida, parece ser dominadora e eu estou pronta para a oportunidade de discutir com ela o assunto, com franqueza e eqüidade. Nós, mães, estamos frustradas? Há algum "abre-te sésamo" através do qual eu possa levar minha filha a conversar comigo como se eu fôsse outro ser humano e não apenas mãe proibidora?

Cara senhora, eu não sei o que dizer. Janet está fazendo o que a maioria dos jovens faz – tentando romper as amarras. Mas por que a senhora mesmo não fêz isso, muito antes de Janet ter dezessete anos?

Todo êsse antagonismo da juventude contra os de mais idade é desnecessário. Estou certo de que tudo quanto chamam de reação de Édipo desapareceria se os pais se comportassem humanamente com os filhos. Os pais se fazem ídolos de lata, a serem respeitados, temidos, obedecidos. Não é de espantar que a juventude se amargure e se rebele.

É óbvio, senhora, que perdeu o contacto com Janet e que isso aconteceu desde que ela estava no berço. Há pouca rebelião onde não há contra quem rebelar-se. São demasiados os lares onde há pais contra os filhos, em lugar de pais *com* os filhos. Pelo amor de Deus pare agora de pregar moral à môça. Os cigarros farão a ela muito menos mal do que a sua segura convicção de que a mãe é alguém que está sempre pregando e proibindo uma coisa e outra. Deixe-a em paz – mesmo que nesse caso aconteça a senhora estar com razão.

Fumar? Receio que nada possa fazer contra isso. Não pode combater os grandes interêsses do tabaco, com seus milhões de dólares para propaganda. Infelizmente, não pode ser confôrto para a senhora compreender que o mêdo inconsciente da bomba H é responsável não só pelo fumo, mas por outros meios procurados para relaxar a tensão, bem como por grande parte do crime juvenil. O inconsciente de sua filha diz: "*Todos vamos morrer cedo, portanto, deixem divertir-nos enquanto podemos*".

Não, no atemorizado e inseguro mundo de hoje, não adianta pregar à juventude a propósito de coisas pequeninas e inconseqüentes, como seja o perigo para a saúde. Num mundo doente, muitos são os que devem sentir-se doentes.

Meu filho é um garôto de ginásio. Tem dezesseis anos. Muitos dos rapazes de seu grupo fumam clandestinamente. Nem eu nem meu marido achamos que haja nada de moralmente errado no fumo. Na verdade, ambos fumamos. Estamos grandemente habituados ao fumo, através de anos e anos de uso do cigarro.

Contudo, agora estamos ambos convencidos de que fumar é hábito pernicioso e pode ser deletério para a saúde. O govêrno federal acaba de tornar obrigatória para os fabricantes de cigarros a inclusão de um aviso, em cada maço, dizendo que o hábito constante do fumo prejudica a saúde. Hoje todos compreendem que o câncer da garganta é muito mais espalhado entre os fumantes do que entre os que não fumam. Em outras palavras, queremos proteger nosso filho contra os riscos que o fumo representa.

Naturalmente, êle tem todo o direito de dizer: "Vocês fumam, por que não fumaria eu?" De que maneira podemos abordar o rapaz e levá-lo a compreeder que nossa preocupação no que se refere ao fato de êle fumar é genuína e honesta, e que de forma alguma estamos perturbados por moralidade ultrapassada nessa questão de fumo? O fato de êle ter dezesseis anos não importa. Não gostaríamos que fumasse ainda que tivesse trinta e seis anos.

Vejo a sua dificuldade. Também eu fumo bastante. Cachimbo, geralmente, e sinto-me um bocadinho impostor quando advirto um jovem sôbre câncer no pulmão.

Em nosso parlamento escolar, aqui em Summerhill, uma criança propôs que todos tivessem permissão para fumar, fôsse qual fôsse a idade. Propus uma emenda – que apenas cachimbos e charutos fôssem permitidos. Tive aprovação, por pequena maioria. Durante três dias os charutos estiveram em evidência, mas, desde que as mesadas se acabaram, os charutos desapareceram.

Não faria muita diferença se todo o meu pessoal, e eu próprio, não fumássemos. Conheço uma escola na qual o fumo é ofensa que acarreta castigo e, naturalmente, alguns rapazes saem furtivamente para os bosques a fim de tirar uma ou duas baforadas, sub-repticiamente. É a lei que faz os crimes.

Francamente, não sei o que dizer nisso de fumar. Proíba o fumo e lá vai êle para caminhos subterrâneos, com tôda a atração magnética do fruto proibido. Avise sôbre o perigo dêle, e a juventude fará orelhas moucas. Os grandes batalhões do comércio estão do lado do fumo. Os senhores, pais preocupados, estão combatendo com grandes desvantagens.

Incidentemente, tenho uma teoria sôbre o câncer do pulmão. Quando era menino, uma porção de gente fumava, mas nunca ouvimos falar em câncer do pulmão. Hoje, as plantações de tabaco são pulverizadas com inseticidas. Em sua maior parte, fumantes de charutos e cachimbos não tragam, de forma que não sofrem os efeitos dos inseticidas. Os fumantes de cigarros, contudo, tragam o inseticida venenoso. Minha teoria é sugerida por aquêle livro perturbador, mesmo alarmante: *Silent Spring*. Mas minha teoria não a ajudará, senhora, a convencer seu filho. Portanto, é melhor que desista de sua campanha e deixe o môço em paz.

BEBIDA

Meu filho de dezoito anos começou a beber. Todos os dias depois da aula, pára num bar com alguns amigos e toma um gole de uísque. Até esta altura não é um alcoólatra confirmado, nem nada que se aproxime de tal estágio, mas vejo a tendência e estou preocupadíssima. Há alguma coisa que eu possa fazer?

Quando um rapaz de dezoito anos se apega ao uísque há algo melancòlicamente falho em seu ambiente. Beber compulsivamente sempre denota uma fuga da realidade.

Naturalmente, não tenho idéia de quais possam ser suas perturbações íntimas. Penso que o melhor alvitre seria levá-lo a fazer um tratamento — se êle concordar. Mas seria inútil se o rapaz se opusesse à idéia. Os senhores, pais, talvez não possam saber as razões precisas que o levam à garrafa, mas um bom analista tem condições para torná-lo consciente das misérias ocultas que o levam a procurar uma evasão alcoólica.

Um homem fortalecido por boa e sensata filosofia da vida pode sentir-se corajoso quanto à sua situação pessoal, apesar da ronda diária de transtornos, mas um homem que se sente inferior pode precisar beber para sentir coragem similar. Se um homem é tímido por natureza, alguns tragos podem fazê-lo sentir-se valente. Se o seu ambiente diário é insípido e de mau gôsto, alguns uísques podem atirá-lo a um mundo mais animado, um mundo no qual êle é alguém de importância. O homem forte toma um gole de passagem, o fracalhão deve beber e beber, porque, quando sóbrio, o mundo real é demais para êle.

No caso do alcoolismo em jovens, o foco de atenção deve ser: Quais são as exigências íntimas que levam nosso rapaz a beber? Sente-se êle inferior a seus companheiros? Nós, seus pais, exigimos demais dêle? Devem perguntar a si próprios: *"Que está o nosso rapaz tentando esquecer? E por quê? Que fizemos NÓS para levá-lo a procurar confôrto num bar? NÓS realmente o ajudamos a fazer a vida tão cheia e tão feliz quanto possível?"* Conheci exemplos de jovens que bebiam porque os pais os atormentavam para que se ajeitassem na vida... *"Você deve agarrar-se aos livros se quiser ter êxito na vida."*

As respostas não ajudarão muito os senhores, agora, porque, em sua maioria, elas chegam tarde demais.

Não, num caso dêsses, sugiro tratamento psicológico.

Sou estudante de ginásio na cidade de Nova York. Tenho dezesseis anos. A escola em que estudo mantém forte atmosfera de sociabilidade. Tenho sido convidada pelas minhas condiscípulas para tôdas as suas tarefas. É, realmente, minha vez de dar uma festa. Minha mãe está disposta a fazê-lo, mas recusa, terminantemente, servir cerveja. Em tôdas as festas que tenho estado é costume servir-se cerveja, e as môças e rapazes esperam encontrar essas bebida em suas reuniões. Eu própria não gosto muito

de cerveja, mas me sentiria profundamente embaraçada se não dispusesse da bebida para os que a desejam. Disse à minha mãe que a não ser que ela deixasse servir cerveja, eu preferiria não fazer festa alguma. Até o presente momento ela está mais firme do que o rochedo de Gibraltar. O senhor pode explicar-me isso?

Se minha filha quisesse ter uma festa com cerveja eu, alegremente, forneceria essa bebida. Pode ser que atrás da recusa de sua mãe esteja o receio de que o álcool desate o autocontrôle dos adolescentes e possa depois ocorrer alguma gravidez. Isso poderia mesmo acontecer, mas se eu fôsse sua mãe arriscaria antes a cerveja do que a perda de sua afeição.

USO DE DROGAS

O senhor ouviu falar, provàvelmente, no surto de uso de drogas que se apoderou da juventude americana. Meu filho é estudante da Universidade de Berkeley, na Califórnia. Há relatórios citando o amplo uso de drogas nos "campus" americanos, e os boatos incluem Berkeley. Há alguma coisa que eu possa dizer ao meu filho a fim de evitar que êle acompanhe êsse movimento e comece a usar drogas? Sei que a pregação, como tal, não adiantará, porque vejo que é evidente o desprêzo dêle, nessa idade, quanto aos valores de seus pais, que considera como velhos carraças. Sei que nossa atitude e a atitude dêle em relação a sexo estão a milhas de distância. Falar apenas com êle sôbre drogas em têrmos moralistas não fará qualquer bem. Mas gostaríamos de preveni-lo quanto à destruição que realmente espera tantos jovens que se dão ao uso de drogas. O senhor poderia sugerir-me uma forma de abordar o problema?

A senhora é honesta, e, pelo menos, compreende a inutilidade dos conselhos paternais. O triste do fato é que nunca se aprende com a experiência alheia — em pequenas coisas, sim, digamos, no aprender uma equação simples. Mas em coisas emocionais, não.

Geralmente, entre os jovens, parece haver pouca preocupação em guardar para os dias magros. Essa atitude pode vir do pensamento, mais ou menos inconsciente, de que a vida é demasiadamente precária. O advento da bomba H teve profundo efeito em tôda a juventude. Muita coisa da atual rebelião dos jovens pode vir do pensamento de que sua vida talvez seja curta.

Eu disse a uma jovem de dezessete anos: "Você está fumando demais. Não tem mêdo de câncer no pulmão?"

Resposta: "Nem um pouco. Eu não viverei o bastante para isso. Ninguém viverá o bastante para isso".

O mesmo se dá com as drogas. Ninguém que tenha uma vida criadora procurará drogas como evasão. Em sua base, a questão de drogas não está em como fazer cessar o comércio, mas em como fazer a sociedade feliz bastante para tornar desnecessário o uso delas. Eu ficaria chocado se algum dos meus antigos alunos tomasse drogas. Penso que êles são demasiadamente equilibrados, demasiadamente livres dos conflitos que levam as pessoas aos caminhos da evasão.

A raiz do uso de drogas está na infelicidade, miséria positivamente devida ao conflito entre os desejos inconscientes e os princípios morais. Anule a culpa que chamamos pecado, e os mercadores de drogas irão à bancarrota.

A senhora sugere uma profunda divisão no lar: "Nossa atitude em relação a sexo está a milhas de distância". Mas, por quê? Não podem atualizar-se? Não podem abandonar sua atitude puritana no que diz respeito a sexo? Ou preferem reter sua posição ortodoxa e repressiva e ver o filho arruinado pelas drogas?

Contaram-me que nos Estados Unidos existe agora um dístico que colam nos carros, dístico que proclama: "FAÇAM AMOR E NÃO GUERRA." *Ouçam! Ouçam!*

Se seu rapaz se afeiçoar a drogas, estará escapando de algo. Penso que seja de seu lar, com a sua moralidade. Pode ser que sua casa seja um santuário para uma religião estreita, uma religião que mata a alegria. Pode ser um lar no qual os senhores, pais, buscam demasiada ambição para os membros da família.

Tenho certeza de que quanto mais feliz é o lar tanto menos inclinação existirá para "juntar neve" — se é assim que ainda se chama nos Estados Unidos o hábito de drogas.

Há muito consumo de cigarros de maconha nos colégios americanos, hoje em dia. É considerada coisa para tomar umas baforas, conforme êles dizem. As autoridades médicas afirmam que

a maconha não forma hábito, mas acrescentam que quando um jovem a experimenta, passa a desejar uma sensação ainda maior e continua usando drogas mais fortes, que constituem vícios e são destruidoras. Minha filha de dezenove anos foi a uma dessas festas com maconha. Nossas relações são bastante sólidas, e ela me contou tudo. Mas conquanto a confiança entre nós seja forte, nem por isso deixo de estar preocupadíssima. Ela disse que só fêz isso aquela vez e não tem intenção de repetir. Acho que não tem propósito escrever ao senhor e perguntar-lhe o que pode ser feito, mas, conforme disse antes, estou oprimida pela ansiedade.

Eu imagino que a maioria dos jovens que experimentam a maconha uma ou duas vêzes não se tornam viciados, mas compreendo sua preocupação. Receio que a única coisa a fazer é confiar no bom senso de sua filha.

PINTURA

Minha filha Sally acabou de fazer onze anos. Todo o seu interêsse parece agora centralizar-se em arrebicar-se, experimentando tôda espécie de roupas e chafurdando-se em cosméticos. Acho impróprio para uma menina de sua idade o uso de batom, ela, porém, alega que a estamos perseguindo. Receio que com todo êsse embonecamento, e uso de cílios falsos e outros coisas mais, ela acabe arranjando a companhia errada. Que diz o senhor?

Não se preocupe em imaginar que ela arranjará companhia errada, o que, segundo penso, significa sedutores e drogas diabólicas. Em sua idade, o grupo de adolescentes não aceitará.

Talvez a menina se julgue sem graça, ou mesmo feia. Talvez, em sua fantasia, se identifique com alguma estrêla de cinema. Eu não teria a menor preocupação a respeito dela e lhe daria todos os cosméticos que desejasse.

Parece-me que ela se sente infeliz e tenta escapar de sua infelicidade fazendo de conta, para si própria, que é adulta. Em sua escola, em seu lar, a vida é demasiado insípida para ela? Atormentá-la só aumentará sua insatisfação e fará que odeie a casa e os país. A menina não se sente amada, sente que a criticam mais do que a apreciam, e assim está tentando ganhar atenção.

Se a senhora está demasiadamente preocupada, sugiro que compre para si própria um estoque de cosméticos, cubra o rosto com uma camada grossa e coloque os cílios falsos maiores que puder obter. Então, veja o que acontecerá.

Os pais devem permanecer jovens, se quiserem conservar o amor e a compreensão dos filhos. A maior parte dos pais fazem alegremente sacrifício quando a criança é ainda um bebê. Aceitam a necessidade de se manter acordados, de ouvir o chôro do pequenino. Mas, quando a criança vai crescendo, os mesmos pais entendem que não precisam continuar a fazer sacrifícios. A essa altura, ouve-se o protesto dos jovens: "Os senhores estão fora da época".

A mãe de uma pré-adolescente poderia muito bem perguntar a si própria: "Peço à minha filha que faça coisas nada razoáveis, na opinião dela, como trocar suas calças rancheiras por um vestido porque a Sra. Jones vem tomar chá conosco? Fico aflita quando ela sai com um rapaz que eu não conheço? Fico a atormentá-la a propósito de suas notas escolares?"

Suspeito que a senhora se preocupa, principalmente, com o que os vizinhos e parentes pensam. E eu lhe digo: para o inferno com o que os vizinhos e parentes pensam. Se a sua menina se tornar uma adulta infeliz, nenhum dêsses parentes ou vizinhos se incomodará uma isca com isso, ou suportará seu sofrimento ou o sofrimento da menina. Metade das crianças dêste mundo é sacrificada à opinião dos vizinhos.

Jamais vi uma das meninas de Summerhill — alunas ou do pessoal — usando cosméticos. Será profunda resposta dizer que a liberdade consiste na capacidade de viver sem ter de considerar o que os outros pensam?

ROUPAS

Lucy Mae resolveu usar saias curtas, meias rendadas, duas peças tipo biquíni, e tôda espécie de trajes que considero impróprios. Estou morta de preocupação, não vá ela atrair algum tipo atrevido. Tenho trinta e nove anos, sou viúva e ela tem dezesseis anos.

A menina, lamento dizer, teve muito pouco tempo de vida de lar, porque seu pai morreu quando ela tinha dois anos e eu, desde então, tenho de manter a casa. Estou preocupadíssima com o futuro dela e com o caminho que ela parece estar tomando. A tôdas as minhas observações responde que sou antiquada.

Por *tipo atrevido* a senhora quer designar o tipo que seduziria sua filha, mas já houve quem dissesse que em sedução é preciso que haja dois.

Seu mêdo verdadeiro é o mêdo do sexo. Poderá ser de pouco confôrto para a senhora o fato de eu sugerir que os homens não se sentem atraídos por biquinis nem por meias rendadas, mas por rostos e corpos. Sua filha procura tornar-se atraente para os homens — tal como a mãe fêz antes dela.

Os pais devem compreender que não têm contrôle definitivo sôbre os filhos e que êsses filhos devem viver suas vidas à sua própria maneira. Milhões de mocinhas vestem-se de maneira "atrevida", mas isso não quer necessàriamente dizer que sejam levianas no que se refere a sexo.

Nós, adultos, temos que tolerar os costumes da nova geração. Para mim, jaquetas de couro e calças justas parecem coisas sem importância, mas eu as aceito tal como aceito o barulho que os jovens chamam de música. Tanto quanto me parece, a senhora escolheu por muito tempo as roupas de sua filha; se foi assim, as roupas que ela agora escolhe são a sua forma de protesto. Aconselho-a que deixe a garôta em paz. Que ela faça sua própria escolha, tanto nas roupas como na vida.

A senhora está perturbada com trivialidades. Faça de conta, por um momento, que seu filho fôsse um sádico ou um incendiário. Faça de conta que tivesse de me escrever dizendo que sua filha era uma ladra de lojas, uma prostituta ou uma lésbica. Isso seria causa de preocupação. Mas preocupar-se por causa de meias rendadas e de roupas de banho no rigor da moda? *Realmente!* Sei quanto é difícil para a maioria dos velhos tolerar o comportamento dos mais novos, aceitar sua música bulhenta, seus cabelos compridos, suas malhas modeladoras de seios, e todo o resto. Para nós, a loucura dos Beatles é uma neurose da pré-adolescência. Mas, para os jovens, é um deleite. Nós estamos fora do assunto.

Sempre foi assim. A cada geração os graves adultos pensam que os jovens perderam o respeito, os ideais e as metas. Numa tumba egípcia foi decifrada uma pedra na qual um piedoso homem do Nilo lamentava — sim, isso foi há 5.000 anos! — os caprichos de jovens niilistas de sua época. A juventude, chorava êle, está-se desagregando!

Isso é mais uma razão para nos levar a compreender os jovens e não levantar as mãos, em horror, nem gritar que a nova geração está degenerada. Eu ando meio inclinado a deixar meu cabelo grisalho crescer umas duas polegadas (e não pelo fato de o cabeleireiro de Bond Street me ter oferecido dez libras, se eu o fizesse).

Digo: deixe os jovens vestirem-se como quiserem e tire as mãos de cima dêles.

Meu filho veio do colégio para casa, depois de seis meses de seu primeiro ano. Mal pudemos reconhecê-lo — seu cabelo está comprido e maltratado, as roupas sujas. Quando falamos nisso êle fica carrancudo e diz que estamos interferindo em sua liberdade. Qual é a sua opinião?

Os senhores estão interferindo na liberdade dêle.

É a velha história do que vão pensar os vizinhos? Ou têm complexo sôbre ordem e limpeza? Milhões de crianças e jovens sofrem pela ansiedade paterna a respeito de coisas triviais. O mundo está cheio de jovens com cabelos compridos e maltratados e eu exclamo: "E daí, com os diabos!"

Os senhores deveriam se preocupar mais com o que está *abaixo* dos cabelos dêle, com o que êle está pensando. Que está êle *sentindo?*

Eu detesto essa eterna ansiedade dos pais sôbre as coisas insignificantes da vida, as pequenas coisas, as coisas exteriores. Uma pessoa equilibrada não se preocupa demasiado com coisas triviais e inconseqüentes, como roupas e cabelos. Não acho que muitos dos visitantes que vêm a Summerhill jamais tenham reparado se eu uso ou não uma gravata, ou talvez esteja precisando fazer a barba. Vêm interessados em meus métodos educacionais e não como repórteres para o *Tailor and Cutter Journal.* E essa deve ser a atitude de pais para com a criança, um olhar completo para a personalidade — não para a moda ou para a falta de moda.

DINHEIRO

Meu filho de treze anos é um bom menino, mas, ao que parece, imprevidente. Dá a impressão de estar sempre esbanjando a mesada. Não nos importamos muito com isso, porque achamos que êsse tipo de dinheiro é mesmo para ser gasto num impulso. Mas David tem recebido, de parentes, somas bastantes razoáveis, como presente de Natal ou de aniversário, mas nunca chegou a comprar uma só coisa que fôsse útil ou que durasse algum tempo. Nunca economizou um níquel. Apanha quinze ou vinte dólares, vai à loja e, num capricho, compra alguns badulaques dos quais se cansa dentro de uma semana, ou menos ainda. Há algo que possamos fazer para levá-lo a enfrentar a realidade?

Não consigo pensar em nada, gente. O seu problema é o de uma sociedade voraz. Em minha própria infância, há muito, muito tempo, não tínhamos mesadas. Se ganhávamos um níquel era porque tínhamos segurado o cavalo de um lavrador enquanto êle ia tomar seu trago no local. Muitas vêzes foi um trabalho longo, êsse. As crianças da classe média e da classe operária, naqueles dias de simplicidade, não tinham meios para gastar, e, portanto, não tinham tentações. Temos que encarar o fato de estarmos vivendo num mundo nôvo, um mundo no qual as coisas vão ter com excessiva facilidade às mãos das crianças. "O que vem fácil, fácil vai".

Hoje, as crianças vêem a mesada como um direito, um dever dos pais. Vejo por tôda parte essa compulsão para gastar, nos jovens. Quando eu era estudante e pobre, tive a sorte de ganhar quarenta libras num concurso jornalístico, soma formidável em 1910. Aquêle prêmio manteve-me vestido durante todo o meu período escolar. Durante o mesmo período, um colega recebeu cinqüenta libras de legado de um tio. Desbaratou-as tôdas numa festa com champanha. A juventude de hoje parece ter a psicologia daquele colega.

A causa profunda do esbanjamento de seu filho pode ser o estado dêste mundo incerto e inseguro. *"Vamos comer, beber e nos alegrar, porque amanhã morreremos"*. A juventude não pensa no amanhã porque a juventude sente que talvez não haja um amanhã. Tenho a impressão de que todos os jovens dos Estados Unidos têm, no fundo, ao lerem a lista de baixas no Vietname, êste pensamento: *"Êsse pode ser o meu futuro, ou antes, minha falta de futuro"*. O velho e seguro mundo se foi. Mesmo o dinheiro já não é muito seguro.

Depois da Primeira Guerra Mundial, aquêles que na Alemanha tinham economizado cem mil marcos através de uma existência viram que o valor de suas penosas economias não alcançava mais de dez pennings. Em 1919, paguei mais ou menos um milhão de marcos por uma passagem de bonde. Nossos velhos valôres têm que ser raspados. Costumávamos usar na Inglaterra uma frase: *"Seguro como casas!"* Já não podemos usar o símile, depois da *blitz*.

Estou convencido de que a nossa educação está na raiz do que gostamos. Gastar é quase completamente destituído de criatividade, a não ser que compremos um jôgo de ferramentas ou um jôgo de tintas. A escola, hoje, é quase tôda destituída de criatividade, e é desinteressante. Os jovens raramente compram partituras, ou telas, ou cavaletes, ou serrotes, ou plainas, porque a maioria das escolas mal se preocupa com fazer e fabricar. É uma época de contemplar, de pagar alguém para que nos entretenha com música, teatro, TV, jogos. Daí um jovem não-criador procurar felicidade em geringonças tais como automóveis, motocicletas, discos barulhentos. Os Beatles teriam tombado em chão raso, numa sociedade criadora.

Sei que nada disso está ajudando vocês, pais preocupados do David. Sua consolação deve estar no pensamento de que o próprio tempo transformará a noção de valores do garôto. O que não auxiliará, com certeza, é o sermão, é o conselho.

Eu também tenho alunos em minha escola que recebem dinheiro demais. A maioria dêles faz o que David faz — esbanja-o. Êles próprios não pensam que estão gastando mal.

O dinheiro pode ter uma significação simbólica, óbvia no caso de uma criança não-querida, cujos pais desejam supercompensar essa carência de amor cobrindo-a de presentes caros. Tanto quanto me parece, David pode sentir que não é querido em casa. É óbvio que o fato de comprar, e depois perder o interêsse pela compra, mostra que êle está procurando algo para comprar, algo que não pode satisfazer.

Pais, os senhores, simplesmente, têm de esboçar um sorriso e agüentar. Lembrem-se que atormentar o menino apenas fará as coisas piores.

RESTRIÇÕES

Tenho catorze anos. Meus pais são muito severos e nunca me deixarão fazer o que quero. Proíbem meus amiguinhos de vir a nossa casa. Que posso fazer?

Penso que já recebi pelo menos cinqüenta cartas de adolescentes americanos, nesse tom. Bem, que *pode* você fazer? Quem pode levar seus pais a compreenderem que, involuntàriamente, estão transformando seu amor em ódio inconsciente?

De cada dois americanos que conheço um está fazendo tratamento psicoterápico e, a julgar pela correspondência que recebo de garotos e garôtas, isso não me surpreende. Tantos adolescentes americanos sentem-se confinados pelos tabus e exigências dos pais! *"Você precisa estudar e ir para o colégio, senão não arranjará uma boa posição"*.

Infelizmente, a liberdade americana, outorgada aos escravos em 1865, jamais foi estendida à criança americana comum.

REBELIÃO

Sinto-me completamente desanimada porque minha filha de catorze anos demonstra ter pouco sentimento. Na idade dela é de se esperar que uma filha tenha um pouco de preocupação com a mãe que a amou durante tantos anos e deu-lhe do melhor. Embora nos entendamos exteriormente, não se comunica comigo no verdadeiro sentido da palavra. Sinto nela um narcisismo dominador. Não se importa com os meus sentimentos ou com o que aconteça com os irmãos e irmãs. O senhor acha que uma criança nasce com falta de sentimentos, ou pensa que alguma coisa aconteceu na família que a faz manifestar-se assim? Há alguma esperança de que possam melhorar seus sentimentos?

Sempre há esperança.

Em qualquer família chega um momento em que os filhos têm de romper as amarras. A situação é pior, naturalmente, numa família autoritária. Crianças auto-reguladas não têm tal necessidade de rompimento. No caso presente, isso não significa que a menina não tenha sentimentos. Significa que seus sentimentos se tornaram negativos.

Mas, por que? Os pais ligaram-na com fitas de aço? Fizeram-lhe sermões? "*Você deveria ser um exemplo para seus irmãos e irmãs*". Foi isso?

Falta de sentimento? Estou inclinado a crer que a causa seja mais do ambiente do que hereditária. Suspeito que sua filha sente que não foi suficientemente amada e talvez lhe pareça que algumas das outras crianças obtiveram da mãe mais amor do que ela obteve. Há esperanças, mas só se a senhora, sua mãe, fizer algo para modificar *SUA PRÓPRIA* atitude.

Tive meninas que vieram para Summerhill com ódio nos rostos. Eram impossíveis, em casa. Contudo, mudaram. Foi um deleite ver como seus rostos se alteravam e mostravam ternura. Não lhes fiz tratamento psicoterápico algum. Conservei-me de lado e permiti que fôssem o que realmente eram. Gradualmente, sua maldade desapareceu.

O mesmo resultado pode ser obtido no lar, se uma garôta se sentir livre para ser o que é, sem ser atormentada, criticada, e sem ouvir sermões.

Mas se os pais forem bastante livres, interiormente, não terão êxito. Os pais têm, antes de mais nada, de se convencer que suas maneiras antigas eram erradas. Na realidade recentemente concedida, devem agir cordialmente, sem reservas, e sem serem atormentados pela dúvida. A môça deve sentir que não está sendo objeto de uma experiência, que as atitudes de seus pais mudaram fundamente, e para sempre.

Minha filha tem catorze anos e é hostil para comigo de uma forma pouco habitual. Minha espôsa concorda em que eu sempre tratei a menina com bondade e consideração. Pode dar um conselho a um pai frustrado?

A maioria das crianças, a certa altura ou outra, busca romper as cadeias emocionais que as ligam aos pais. A maioria das crianças tem uma espécie de vergonha dos pais. Uma menina pode ter vergonha do pai — êle cospe na rua, faz barulho quando toma sopa, diz coisas diante dos outros que a encabulam. A maioria das crianças ultrapassa o estágio da vergonha e acaba por conter sua contrariedade em relação a pais atrasados.

Tente relaxar a tensão e não faça por impor sua personalidade ou seus pontos de vista sôbre sua filha. Se eu tivesse uma filha dessa época rebelde, e amiga de criticar defeitos, eu me conteria para não lhe dizer senão as pequeninas coisas. *Passe o sal, por favor.*

Um aspecto pode ser importante: seja consciente ou inconscientemente, nada morre na memória de uma criança. A menina pode estar reagindo a coisas que o senhor disse ou fêz quando ela tinha quatro anos. Nada pode ser feito quanto a isso. O passado é o passado. Ainda assim, um pai pode, com proveito, perguntar a si próprio: "Fui excessivamente exigente, excessivamente severo, excessivamente assustador quando ela era um bebê?"

Há outros aspectos, também. O senhor e sua espôsa brigam? O amor fugiu de seu lar? Essa garôta sente que as relações entre seus pais não vão bem? Ela está do lado da mãe — contra o pai? Ou tem uma forte fixação sôbre o senhor, de forma que para supercompensar ela tem de expressar ódio em lugar de amor que está suprimido? O que se afigura razoável é que sua filha sente que o senhor não a ama profundamente e que sua consideração pelos sentimentos dela é apenas um substituto para o amor.

Seja como fôr, deixe-a em paz. Dentro de algum tempo, provàvelmente, ela ultrapassará êsse estágio.

Meu filho, Bob, tem dezessete anos. Parece ressentir-se do lar. Nunca nos diz o que está fazendo. Se chega em casa às duas

da manhã e eu lhe pergunto onde estêve, apenas resmunga e fecha a cara. Meu marido e eu sentimos que o perdemos.

Receio que sim, boa senhora, mas o perdeu há muitos anos. Tanto a senhora como seu marido deixaram de fazer contacto com êle, deixaram de fazer que o rapaz sentisse que podia confiar nos dois.

Suspeito de que êle vem mentindo de há muito para ambos. "*Aonde vai esta noite?*" Saiu com uma dama, mas não pode dizer isso aos pais — então mente. "*Fui ao cinema com Jim.*"

As crianças sempre mentem para "maus" pais, para pais que tentaram modelar os filhos, para pais que lhes ensinam maneiras, comportamento, obediência, e não sei que mais. Na Inglaterra, cerca de vinte e cinco meninas, adolescentes, fogem de casa tôda semana e não são mais encontradas.

Minha cara senhora, é tarde demais.

Seu filho foi espancado, foi repreendido ou inibido por tôda sorte de tabus morais? Forçou-o a seguir uma religião?

Mas não se culpe demasiado. Acreditou que estava agindo da melhor maneira. Ingênuamente, pensou que a experiência é coisa que se pode passar dos mais velhos para os mais novos. E não se pode! Seus próprios pais talvez mantivessem a distância e tratassem a senhora como algo a ser modelado pelas paternais mãos do oleiro. A senhora sobreviveu. Mas nem tôdas as crianças recebem com agrado tais atitudes.

Seja como fôr, anime-se! Isso não significa o fim do mundo — nem para a senhora nem para seu filho. Muito garôto tem sido reticente com os pais, muito garôto tem mentido com firmeza para êles. Nem todos êles terminaram como quadrilheiros ou amigos de drogas. Parece-me que seu filho está tentanto modelar sua própria vida. Em seu lugar, eu não interviria. Cessaria de perguntar-lhe onde estêve, ou o que estêve fazendo.

Ao pai dêle, eu digo: Trate de manter contacto emocional com seu garôto. Deixe de lado isso de ser pai autoritário. O senhor pode fazer dêle um seu camarada — mesmo tardiamente, como está o caso. *Sim, seu camarada!* Se o condenar e fizer-lhe sermões, irá perdê-lo para sempre. Por que não tentar uma forma diferente de sua antiga forma? A essa altura o senhor nada tem a perder. Pode ser cruel dizer tal coisa, mas acho que o rapaz tem tido fome de amor em seu lar e agora procura êsse amor fora dêle.

CASAMENTO MISTO

Apaixonei-me por um rapaz católico e quero casar-me com êle. Para isso devo concordar que nossos filhos sejam criados como católicos. Detesto essa idéia. Que posso fazer?

Se seu ódio a tôda e qualquer doutrinação de crianças não fôr muito forte, você se casará com o seu jovem. Se está preparada para educar seus filhos na idéia de que nascem do pecado, casará com seu católico.

É, realmente, um dilema cruel. Amor é coisa de agora, vive o dia presente. Filhos, a essa altura do jôgo, são apenas uma idéia em sua vida — uma idéia que está a alguma distância, no tempo.

Não tenho conselho a dar. Você, finalmente, seguirá aquêle de seus sentimentos que fôr mais forte.

Tensão na Família

DESENTENDIMENTO ENTRE OS PAIS

Meu marido é terrìvelmente impaciente com os filhos. Se êles não respondem exatamente como pensa que deviam responder, levanta-se e os insulta. O costumeiro estouro começa assim: "Quando eu era criança, se fizesse isso, meu pai..." Já falei várias vêzes a meu marido que êle carece de tolerância e que isso produz mau efeito nos filhos. Está enchendo as crianças de terror. Não me quer ouvir. Pior: mantém-se firme em suas atitudes. A não ser por êsse rígido conceito de obediência, direito e dever, é um bom marido. Gosta de mim e gosta dos filhos. Mantém a família e age com inteligência na maioria dos casos. Não quero divorciar-me dêle, mas estou sem saber o que posso fazer. Convencê-lo a ser mais delicado com as crianças parece inútil. Devo conversar com meus filhos e dizer-lhes que não concordo com a atitude do pai? Que devo fazer?

UM CASO TRISTE, E — AI DE NÓS! — MUITO COMUM.

Homem qualquer que reflita usaria jamais as palavras fúteis: "Quando eu tinha a sua idade..." Um homem genuìnamente vivo perguntaria a si próprio que era *êle* naquela idade. Então, despindo-se de imposturas e de autodecepção, seria levado a concluir que em sua juventude fôra exatamente igual a seus filhos — rebelde, mentiroso e tudo mais.

Seu marido parece estar identificando-se com seu próprio e severo pai. Assim, continua o círculo vicioso do ódio, e, pobre homem, assim como foi condicionado, está, automàticamente, condicionando a família.

O que me surpreende em sua pergunta é sua declaração de que "êle gosta de mim e gosta dos filhos". Como podem amor e autoridade viver lado a lado? Como pode amor viver com mêdo?

Um homem que põe suas teorias sôbre disciplina diante de seu verdadeiro dever para com os filhos não pode, realmente, amá-los — isto é, se definirmos a amor como outorga de calor humano.

O que pode a senhora fazer? Pergunta-me se deve falar a seus filhos sôbre o fato de não concordar. Não sei que idade êles têm, mas a senhora não precisa falar com êles. De há muito perceberam a situação — emocionalmente, senão intelectualmente. E êsses pobres garotos sofrerão durante tôda sua vida por essa atmosfera carente de real amor e segurança.

Não se pode dogmatizar sôbre as vantagens ou desvantagens do divórcio. Mais de uma vez vi crianças se tornarem mais felizes depois de um divórcio. A eterna atmosfera depressiva de lares tensos cessara. O melhor resultado se dá quando os pais se separam com sensatez, sem ódio ou cólera, e quando os filhos passam férias com cada um dêles por sua vez. Os maus casos são aquêles em que os pais tentam influenciar as crianças um contra o outro. Isso é muito ruim. Quando o amor morre, é pura tragédia quando o ódio declarado lhe toma o lugar.

Não posso achar uma solução para a senhora nem para as milhares de mães em sua situação. Pais autoritários são sempre maus pais, e qualquer pai ou professor que faz despertar o mêdo é um perigo para uma vida jovem.

Uma das maldições da humanidade é começar o casamento pelo amor sexual ou pelo amor romântico, ou por ambos. Quando o amor morre, o mais provável é que a vida se torne um inferno. O amor é cego, dizem, e é verdade. Uma mulher protestante pode apaixonar-se por um católico e sua paixão sufoca qualquer pequenina voz dentro dela, que fale no futuro dos filhos. Mas, quando a paixão inicial ficar moribunda, ela tem de enfrentar o fato de ter prometido criar os filhos na religião do marido — uma religião na qual ela não acredita. E aí está o inferno preparado.

E o mesmo acontece sob outros aspectos. O amor apaixonado faz caso omisso das questões próprias. *Êle será um pai severo? Amedrontará os filhos? Estará determinado a moldá-los conforme sua própria imagem? Fará como que uma divisa paterna da frase: Crianças devem ser vistas mas não devem ser ouvidas.* Dezenas de milhares de casamentos infelizes são o resultado da incapacidade de um dos cônjuges de saber quem realmente é o outro.

Quando do namôro, todos nos apresentamos com asas de anjo, não deliberadamente, mas inconscientemente.

Uma possível solução seria o *companionate marriage*(*) do Juiz Lindsay. Fazer do primeiro ano um ano de experiência, depois casar, se o casal encontra união, se os dois futuros cônjuges consideram que ambos sentem da mesma maneira no que se refere à vida dos filhos.

Casamento, como instituição, é defeituoso. Postula que nos apaixonamos aos vinte anos e permanecemos apaixonados "até que a morte nos separe". Milhões de crianças são infelizes por causa dos casamentos infelizes de seus pais.

Em nossa época, casos como o seu continuam insolúveis: homens e mulheres, apenas continuam sofrendo. *O Totentanz*, de Strindberg, apresenta um quadro sombrio do casamento feito do ódio. Infelizmente, o casamento que é uma dança da morte continua sendo isso, em muitos lares.

> Meu marido e eu temos, suponho, tantos momentos de desacôrdo quantos têm a maioria dos casais — nem mais nem menos. De vez em quando as discussões tornam-se acrimoniosas. É verdade que essas ocasiões são raras, mas quando surgem meu marido expande-se sem restrições diante das crianças. Particularmente, eu o censuro, dizendo-lhe que seja qual fôr o mérito de seu caso, êle não tem o direito de explodir diante da família. Acho que isso tem um efeito bastante prejudicial sôbre as crianças. Êle, por sua vez, diz que não é máquina, e que quando sente intensamente precisa reagir, quando não estará faltando com a verdade para consigo mesmo. Diz que se não explodisse quando sente que precisa a cólera ferveria sob a superfície, e as coisas entre nós, como marido e mulher, seriam muito piores. Com qual dos dois o senhor concorda?

Se seu marido não explodisse, penso que de qualquer maneira as crianças sentiriam a atmosfera pesada. Talvez seja melhor que êle desabafe pùblicamente. Por que precisa êle fazer isso é que não sei, mas suspeito que algum do seu calor deveria ter

---

(*) Forma de casamento na qual se praticaria o contrôle legal da natalidade, o divórcio dos casais sem filhos através de consentimento mútuo, não tendo qualquer das partes direito a reivindicação econômica ou financeira.

sido expandido no escritório, ou oficina, onde quer que êle trabalhe. A realidade é que raramente o fato de desabafar ajuda o colérico, muitas vêzes porque o vapor deveria ter sido expulso em algum outro lugar. Um homem leva uma descompostura do patrão e não ousa retrucar com raiva. Vai para casa e explode por causa de qualquer tolice... ou porque o gato sujou o canto da sala de estar, ou porque o jantar ainda não está pronto.

Um infeliz aspecto das discussões paternas é que as crianças são forçadas a tomar partido. Se o pai é homem que as assusta com voz trovejante, as crianças, inconscientemente, ficarão do lado da mãe apavorada. Se a mãe grita com o marido, êle, naturalmente, desperta solidariedade. Em ambos os casos, tudo isso é muito perturbador. Mas não sei o que se possa fazer.

Numa situação que progrediu para pura e desabusada acrimônia, constantemente repetida, seria melhor desfazer o lar do que deixar as crianças crescerem numa atmosfera de ódio e mêdo. É óbvio que êsse não é o caso aqui.

Eu tenho uma filha de sete anos. Acredito em auto-regulação, mas meu marido diz que uma criança deve ser disciplinada e, quando necessário, punida. Qual é a solução para o meu problema?

Eu gostaria de saber. A senhora pode concordar com uma separação, e nesse caso o tribunal poderá dar a custódia da criança a seu marido. É uma situação que aparece em milhares de casas. Num lar como o seu, sua filha deve ser infeliz e insegura. Qual dos pais está com a razão?

Uma situação dessas jamais pode ser oculta aos filhos, mesmo que os pais tenham suas discussões em particular. A criança terá a intuição da luta, da miséria, da hostilidade.

Recebi dezenas de cartas iguais à sua. Na maioria dos casos os pais eram disciplinadores. Muitas das cartas vêm das próprias crianças, que estão a par dos conflitos paternos. Cartas que entristecem a quem as lê.

Uma das maldições do casamento é o fato de a cegueira do amor fazer os apaixonados inconscientes das dificuldades em potencial. Vemos êsse caso na môça que casa com um católico, sabendo isso, mas ignorando o fato de que terá de concordar que seus filhos sejam criados na fé católica. Quando seu amor romântico morre, ela pode ter de enfrentar uma situação amarga e pode sentir-se indefesa e infeliz. Nem pode uma jovem saber que seu jovem marido se transformará num sádico ou num detestável autoritário.

O outro lado da moeda, a doce e querida esposinha, pode transformar-se numa bruxa que atormenta o dia inteiro — uma espancadora de criancinhas. Tudo isso é mais que sabido, naturalmente. Todos conhecem a situação que se cria. O que muitos não conhecem é o resultado em crianças assustadas, aflitas, destituídas de amor, crianças que, por sua vez, tendem a fazer casamentos infelizes e continuar o círculo vicioso, disciplinando seus próprios filhos.

A não ser que uma criança se sinta segura, está destinada a uma vida neurótica. Pode, inconscientemente, tentar reproduzir a situação de seu lar onde quer que vá. Inconscientemente, procurará a infelicidade. Vejo que as crianças da minha escola, quando mostram saudades do lar, vêm de um mau lar, de um lar dividido. De uma forma obscura, elas desejam retornar a tudo aquilo, sem dúvida temendo estar longe de um ambiente que, não importa quão desagradável seja, pelo menos lhes é familiar. Um meninozinho disse-me que queria ir para casa porque desejava proteger a mãe quando o pai lhe batia.

Quando os pais tornam os filhos amedrontados, estão pecando contra a criança. Não posso ver conexão entre disciplina e amor. Alguns católicos que batem nos filhos, em casa, na escola declaram que batem o corpo para salvar a alma, declaração que, para mim, é totalmente anticristã. "Deixe vir a mim os pequeninos" — e tome uma sova! — astuta combinação do amoroso Jesus e do doido Salomão. Ordens arbitrárias são erradas, perigosas, e não demonstram amor pela criança.

As crianças, através de todo o mundo, estão sendo pervertidas por um tratamento insano. O menino bruto, numa escola, é com freqüência tão estúpido que pode retrucar ao que considera um insulto apenas com seus punhos, e pode ser que o mesmo se dê em muitos lares.

Espancar é coisa mais comum entre pessoas não-educadas do que entre pessoas educadas, mas todos conhecemos doutôres e professôres, advogados e homens de negócio que são severos para com suas famílias.

Há alguns anos dois irmãos, delinqüentes, ouviram do juiz que lhes falava: "Se seus pais lhes tivessem dado, ambos, uma boa surra de cada vez que se comportavam mal, não estariam hoje no banco dos réus." Mais tarde ficou evidente que o pai, um ex-sargento do Exército, os havia espancado severamente, desde sua mais tenra infância.

Brutalidade e superstição parecem ter afinidade uma com a outra. Mas não é preciso espancar para assustar uma criança. Há pouco ou nenhum castigo corporal na maioria das escolas americanas, mas centenas de professôres dos Estados Unidos fazem as crianças tremerem, encolerizando-se contra elas. Ao fundo de tudo encontramos ódio. A menos que possamos resolver a terrível questão, e passemos a saber o que dá nascimento ao ódio, as pessoas continuarão, durante gerações, tentando compensar-se por uma juventude de frustração e infelicidade. Mate o amor da vida num bebê, rodeie pré-adolescentes de tôda espécie de recomendações e haverá um forte fluxo de recrutas para o exército da delinqüência.

Lamento não poder ajudá-la. A necessidade que seu marido tem de disciplinar e castigar a filha é uma expressão de seu ódio e produzirá também ódio na criança.

Desejo mandar minha filha para Summerhill, mas meu marido é inteiramente contra isso. Felizmente, tenho renda própria e pagarei pessoalmente as taxas. O senhor a receberá?

Sinto muito, mas a resposta é não. Summerhill não ajudaria a menina. Durante cada período de férias, ela teria de enfrentar o fato dos pais divididos no que se referiria à sua educação e não saberia onde parar. *Parar* é a palavra, pois a menina se conservaria imóvel.

Se o lar e a escola não se entendem, não pode haver progresso. Criança alguma deve ser chamada a escolher entre dois sistemas; liberdade, como paz, é coisa indivisível.

AVÓS

A mãe de meu marido mora conosco. Sendo de uma geração diferente, não compartilha de nossas idéias a respeito da educação de crianças. Diz, constantemente, a nossa filhinha, que não faça isso ou aquilo, insiste para que ela coma isto ou aquilo, e, de outras formas, interfere na atmosfera do lar. Estamos sem saber o que fazer com a nossa pequena Sally. Não podemos mandar a vovó embora. Tem algum conselho a dar?

Que posso dizer? Uma criança está sendo sacrificada às idéias mortas de uma velha senhora. Ainda assim a velha senhora não pode ser mandada embora. É inútil pretender que ela modifique seus pontos de vista.

Não vejo solução para os senhores, como pais, e pouco é o auxílio que vejo para Sally, que talvez se encontre num dilema. A menina talvez diga a si mesma: *"Mamãe e papai deixaram-me fazer isto, mas vovó acha errado."*

O único fator a trazer esperança é o fato de a menina tender, com certeza, a preferir a atitude livre dos pais à atitude antivida de sua avó.

LAR DESFEITO

Meu marido abandonou o lar. Nós não estávamos nos entendendo bem e essa ruptura foi um passo final numa série de altercações. Nosso filho é muito agarrado ao pai que, na minha opinião, o mimava em demasia. Agora receio que o menino venha a sentir que foi abandonado pela única pessoa do sexo masculino à qual era ligado. Êle gosta muitíssimo de mim, mas, evidentemente, não sou substituta para um pai. Que posso fazer no sentido de suavizar o golpe para o menino?

A senhora deveria tomar seu filho como confidente. Não diga: "Papai está sempre fora porque está trabalhando em Chicago". Diga a verdade: "Seu pai e eu não nos amamos mais, por isso concordamos em nos separar."

Se a senhora tem razão nisso de dizer que seu marido mimou em demasia o menino, o garôto talvez venha a alimentar um ressentimento contra a senhora. Êle pode pensar: *"Se mamãe tivesse sido boa para papai, êle não teria ido embora."*

A situação pode tornar-se pior se o menino foi motivo de discussão entre a senhora e seu marido. Seu filho pode pensar que a senhora atacou tanto a êle como ao pai. Mas não penso que a saída de seu marido seja, em si mesma, o centro do problema. Durante anos o menino deve ter percebido a brecha que se formava entre seus pais. O lar não pode ter sido um lar feliz, para êle.

Uma solução seria o menino viver uma parte do tempo com o pai, outra parte com a senhora. Tive, com freqüência, alunos que dividiam as férias dessa maneira, e habitualmente a coisa resultava satisfatória — pelo menos como solução parcial.

Um nôvo casamento seu não resolveria, por si próprio, o problema. Muitos rapazes jamais aceitam um padrasto, e o mesmo acontece com muitas meninas. É sempre um risco. Receio que não haja solução partida de uma pancadinha afetuosa nas costas.

RIVALIDADE ENTRE IRMÃOS

Na noite passada propus à minha família que jantássemos num restaurante. Minha filha, que tem oito anos, queria ir a uma casa chinesa, e meu filho, que tem seis anos, desejava ir a uma "delicatessen". Nem meu marido nem eu tínhamos qualquer preferência especial. Um restaurante ou outro serviria. Quando eu falei à minha filha que Johnny ficaria feliz se fôssemos à "delicatessen" ela amuou e disse: "Por que êle há de conseguir o que quer?" Então, quando eu tentei mudar para um restaurante chinês, o menino disse: "Por que ela há de conseguir o que quer?" Como o senhor concilia uma situação destas?

Por que não transformar a situação em algo esportivo e tirar a sorte?

Um dia dêstes vi dois meninos de sete anos discutindo a propósito de uma revista de histórias em quadrinhos que tinham encontrado.

"Fui eu que apanhei!" — disse um.

"Sim, mas eu a vi primeiro!" — disse o outro.

Eu girei um níquel. Cara, você, e coroa, você. Êles aceitaram tranqüilamente o resultado.

Essa espécie de diferença ocorre quase diàriamente em qualquer família com filhos pequenos. Por minha parte, eu simplesmente diria: "Chinês hoje, mas, na próxima vez, *delicatessen.*" Tôda criança tem de se habituar a um "não". Todos os que votaram em Goldwater tiveram de aceitar o "não" nacional.

Em cada família há esta pergunta: Mamãe está favorecendo Mary? Em cada família há muito ódio enterrado — engendrado porque um dos filhos sente que foi maltratado ou tratado injustamente. Os espiritualistas cometem um grave êrro quando, em suas sessões, dizem que nossa família está à nossa espera nas abençoadas praias, a fim de nos recepcionarem.

As crianças têm um senso misterioso da verdadeira justiça. Jogue um níquel.

Somos uma família de seis pessoas. Há as discussões habituais entre as crianças, mas Joan parece atrair para o seu lado uma cota maior do que a habitual. Se houver uma briga em casa, as possibilidades são que quase sempre ela esteja metida no barulho. Como pode ser apenas que essa menina de cinco anos encontre dificuldade maior do que os outros cinco em se entender com os demais irmãos?

Não sei. Talvez ela pense que é a menos amada da turma. Talvez algum impulso a leve a se fazer impaciente. Eu não posso, simplesmente, dar opinião à vista de simples fatos.

Tenho dois filhos, Mary tem cinco anos e seu irmão, Donald, tem três. De vez em quando, sem motivo aparente, Mary atira-se sôbre Donald e espanca-o. O menino desata a chorar. Dá pena vê-lo. Como posso resolver essa situação desconcertante?

Há dois anos tive uma carta de uma jovem mãe de Boston, que se tinha visto diante da mesma situação em que a senhora se encontra. Sua família e a dela correspondem-se nos menores detalhes. Os filhos dela têm a mesma idade dos seus e a menina é a mais velha.

Quando a filha de cinco anos batia no irmão de três, a sensata mãe apanhava o pequenino, agradàva-o e enxugava-lhe as lágrimas. Jamais censurava a menina. Jamais ralhava, mas com a voz mais calma que conseguia obter, mandava a meninazinha brincar com as louças ou se ocupar com qualquer outra coisa.

A última carta que recebi dessa mãe dizia assim: "Meu pequenino tem agora sete anos. É muito ligado à irmã, e ela, por sua vez, é muito ligada ao irmão. Brincam juntos muito pacìficamente e se preocupam em saber o que o outro está fazendo e sentindo. O elemento da rivalidade entre irmãos foi, òbviamente, diminuído. Não duvido que êsse fator ainda exista, mas vejo uma diminuição da agressão por parte dela e uma atitude por parte do menino que revela ter êle esquecido os assaltos que outrora a irmã perpetrava sôbre êle."

Aí temos uma mãe inteligente. Tratou do assunto da única forma em que situação tal deve ser tratada. Sabia, com profundo senso, que as raízes das agressões não-aprovadas de sua filha estavam na rivalidade em relação ao irmão. Aquela mãe sabia que ralha não adiantaria. Compreendeu que se castigasse a pequenina isso apenas iria aprofundar o ressentimento inconsciente que a criança sentia em relação ao irmão, o menino que tinha vindo para a família e causara a diminuição da importância da menina.

Em Summerhill, não há muito tempo, um garotinho teve uma briga com outro menino. O pequeno sentiu que tinha perdido a batalha, então reuniu uns quantos tijolos e expandiu sua cólera quebrando catorze vidraças. A jovem "mãe-da-casa" veio perguntar-me se o menino deveria ser acusado em assembléia geral da escola e daí surgir um castigo. Eu disse não. Disse-lhe que tomasse o garotinho no colo e o agradasse, sem falar na palavra "vidraça". A "mãe-da-casa" aceitou o conselho, e dessa maneira a cólera do menino diminuiu. Talvez seu jovem rival tivesse brigado com êle e não gostasse dêle, mas havia ali, seguramente, um adulto que lhe tinha carinho.

Ciúme na família é coisa comum. Uma das tarefas mais difíceis dos pais é evitar a acusação de favoritismo. Quase tôdas as crianças formulam um pergunta: "Mamãe gosta de mim tanto quanto gosta de minha irmã Mary?" Tenho observado que numa casa onde os pais são plácidos, as crianças se entendem umas com as outras sem muita complicação. As crianças são imitadoras. Se o pai grita com a mãe, ou grita com elas, inclinar-se-ão a brutalizar os irmãos mais novos. Se a mãe é uma atormentadora, a criança também será uma atormentadora.

Os pais deveriam, principalmente, evitar estabelecer comparação entre as crianças: *"Seu irmão, George, nunca puxa o rabo do gato." "Por que você não pode sentar-se quieta e ler tranqüilamente, como faz sua irmã, Sue?"*

Pais sensatos jamais fazem comparações odiosas dêsse tipo.

ADOÇÃO

Deveríamos contar a nosso filho que somos seus pais adotivos?

Sim, naturalmente. Se seu filho conheceu amor da parte dos senhores, desde a tenra infância, pouco têm a temer. A maior parte das crianças adotadas não é desejada pelas próprias mães. Todo psicólogo de crianças conhece as tristes conseqüências de quando um bebê não recebe amor. Numa longa carreira, descobri que nunca podia fazer muito por aquêles que não tinham sido amados quando bebês. Os pobres garotos atravessam a vida com uma suspeita, uma sensação de inferioridade, um receio de contacto emocional. A liberdade pode melhorar êsse estado de fome emocional, mas a liberdade não pode curar completamente os danos. A criança adotada que é criança-problema não está, realmente, protestando contra seus pais adotivos. Está voltando-se mais para trás, *sentindo*, não pensando: *"Minha mãe jamais me desejou. Deixou-me, e eu a odeio para sempre."*

Alguns de meus alunos, que foram adotados, tentaram conhecer suas mães legítimas para restabelecer uma relação e a experiência jamais foi bem sucedida. A mãe que conheceram era uma estranha, não a calorosa, carinhosa mãe de seus sonhos infantis. Eu me sinto um tantinho nervoso quando se trata de adoção.

Deve dizer-se a verdade a uma criança adotada, não importa a idade em que o tenha sido. Se dissermos a uma menina de seis anos que ela é adotada, com pais amorosos bons, o mais provável é que ela se esqueça do fato — se os pais forem amorosos e bons. Se suprimirmos a informação, o choque advindo da descoberta posterior pode ter resultados sérios. Alguns pais adotivos dizem: *"O bebê foi adotado quando tinha seis semanas. Não pode, de jeito nenhum, ter qualquer idéia disso. Não há necessidade de contar-lhe."* Êsse caminho pode ser perigoso, porque as crianças têm sempre meios de descobrir segredos. Conheci um menino que descobriu a verdade quando tinha dezesseis anos. Seus pais adotivos contaram-me que depois do choque êle se tornara frio e reservado em suas relações com êles. É mais seguro contar a verdade.

É por temer pelo futuro das crianças rejeitadas que sou inteiramente a favor do abôrto legal. O abôrto é muito menos prejudicial à sociedade do que uma criança odienta. É um escândalo que as leis contra o abôrto tenham sido feitas por homens. Só um plebiscito entre mulheres, tanto casadas como solteiras, deveria determinar se o abôrto deve continuar a ser um crime suscetível de castigo. Ai de nós, as mulheres também foram moldadas. Receio que a maioria das mulheres pudesse ser, também, contra o abôrto.

Quando pais que têm seus próprios filhos adotam outro, pode haver ainda um perigo. Dada a intensa aura de ciúme na família comum, o que acontece quando uma criança de cinco anos é sùbitamente introduzida na intimidade de um grupo, entre crianças que agora têm de repartir o amor paternal com um intruso?

Situação similar surge num internato, onde professôres casados vêm ter com seu próprio filho. Mais de uma vez tive de pedir a professôres casados que se retirassem, porque seu próprio filho se estava tornando um problema. *"Eu tive mamãe e papai todinhos para mim; agora êles dão todo seu tempo a outros cinqüenta garotos."*

Meu conselho a professôres e "mães-de-casa": nunca tenham seus filhos na escola em que lecionam. Fui aluno na escola da aldeia regida por meu pai e fui espancado mais violentamente do que os outros meninos, em parte porque meu pai não queria demonstrar favoritismo, em parte porque se encolerizava pelo fato de o filho não dar bom exemplo de comportamento e de estudo.

Há algo misterioso numa criança. Ela parece ter, quase, um sentido especial. Um filho ilegítimo não sabe que é um bastardo, mas *sente* que há um mistério a rodeá-lo. Da mesma forma, pais que tentam esconder dos filhos o fato de não mais se amarem, ficam estupefatos ao saber que a criança viu aquilo tudo, apesar de suas tentativas para disfarçar a situação, chamando-se um ao outro *Querido* e *Meu Bem.* Há, realmente, muito pouca coisa que se possa esconder das crianças. Em dois casos diferentes conheci meninas adolescentes que nasceram um mês antes do casamento dos pais. Êsses pais mentiram quanto à data do nascimento, de forma que elas mesmas não tinham conhecimento do fato em si. Ainda assim, foram ao Registro Civil e pediram seus registros de nascimento. Deve ter havido uma intuição especial, ou fôra ouvido algum comentário de alguém despeitado que tinha conhecimento do falatório. A moral é: viva a verdade e diga a verdade.

ATITUDE DOS PAIS

> Na noite passada meu marido e eu estávamos para sair a fim de passar a noite fora. Nosso caçulinha, de seis anos, desatou a chorar. Não queria que saíssemos, porque não gostava da pessoa que ficaria tomando conta dêle. Essa pessoa não era exatamente o ideal em matéria de aparência, nem um gigante de intelectualidade. Parecia suficientemente agradável, mas era evidente faltar-lhe imaginação. Tínhamos um compromisso seguro com outras pessoas. Além disso, esperávamos que a noitada fôsse de grande prazer. Contudo, doía-nos a consciência isso de deixar a criança chorando. Meu marido e eu temos falado muito e muito sôbre o assunto e estamos perplexos. O senhor pode nos dar algum conselho?

Mude a pessoa encarregada, naturalmente. Isso não resolve a questão no momento — que é sair com amigos ou ficar em casa e confortar o garôto. Minha mulher e eu concordamos que teríamos cancelado qualquer festa e faríamos companhia à menina. Mas as circunstâncias particulares, creio eu, podem fazer essa decisão difícil de seguir, mesmo quando, na qualidade de pais, não podem realmente gozar uma noitada sabendo que seu caçula ficou aos berros.

Naturalmente, há crianças que atemorizam os pais gritando, quando as coisas não correm como elas querem. Por outro lado, êsse menino pode imaginar que está sendo deixado em casa com muita freqüência. A pessoa que fica tomando conta pode ter-se tornado, para êle, num símbolo de abandono, e o incidente dessa noitada em particular, sôbre a qual a senhora me escreve, talvez seja o ponto culminante de uma situação que já se vem formando há algum tempo.

No máximo, a pessoa que toma conta da criança, na ausência dos pais, é um agente pago que permite ao casal ter uma vida externa que lhe seja própria. Nunca será substituta satisfatória para a mãe. Pais de crianças muito novas têm de sacrificar muito — seu sono, sua vida social, suas quinquilharias. Cada casal precisa decidir por si próprio até onde êsse sacrifício deve ir.

Terapia

MÊDO

Meu filho é um menino medroso. Hesita em experimentar tudo quanto seja nôvo. Se não fôr encorajado e, às vêzes, mesmo forçado a experimentar coisas novas, seja patinação no gêlo, alimentos diferentes, ou apenas ficar tranqüilamente em casa, na companhia de pessoa contratada para tomar conta dêle, como chegará a dominar seus receios e ganhar confiança em si próprio?

Por que patinação no gêlo ou comidas diferentes? Por que *deveria* êle escolhê-los? Tive rapazes em minha escola, por mais de doze anos, que jamais chutaram uma bola ou jogaram tênis.

O fato de recear manter-se em casa com uma nova pessoa contratada sugere que depende demasiadamente de seus pais. Provàvelmente, por trás do mêdo existe uma ansiedade inconsciente de que êles não voltem. O fato, tal como é descrito, sugere que os senhores desejam moldar o filho, dizer-lhe como viver, o que fazer, o que comer. Criança alguma deve ser forçada a comer o que não deseja. Criança alguma deve ser impelida a patinar no gêlo, a não ser que o deseje.

Nada posso fazer quanto aos receios do rapaz. Sugeriria que consultassem um bom psicólogo. Tantas coisas podem ter acontecido! Os senhores talvez não tivessem desejado tê-lo. O pai pode ser um disciplinador severo. O menino pode ter sido pôsto à sombra por um irmão ou uma irmã extrovertidos. A atmosfera geral do lar talvez seja responsável por muito do que fica sob a superfície.

Há dois anos, um aluno nôvo veio ter a Summerhill, menino tão tímido e tão apavorado diante de tôda gente, que falava, literalmente, em sussurro. Certa noite abri a porta do meu escritório e gritei para êle: "Tom, pára com êsse barulho infernal! Eu não posso conversar com minha visita!" Com a atmosfera modificada, o mêdo desapareceu da psique do rapaz.

Janet fêz doze anos e tem mêdo de água, mesmo de uma piscina rasa. Tenho a impressão de que deveria aprender a nadar. Como não ocnsigo ter êxito através de persuasão, há algo que possa fazer para remediar a situação?

Sim, se a senhora estiver em condições. Arranje um psicoterapista e tente ver por que tem ela essa fobia pela água. Não pretenda, de maneira alguma, persuadi-la a nadar. Isso fará que a fobia piore.

Pode haver uma origem conhecida. Para dar um exemplo pessoal por um momento: meu avô morreu afogado. Quando eu era pequeno, minha avó ficava na praia e gritava para nós: "Não entrem demais, vocês se afogariam!" Todos nós, crianças, adquirimos complexo de afogamento. Foi preciso um longo tratamento para que eu vencesse o mêdo da água. Se tivesse sido atirado à fôrça numa piscina para mergulhar ou nadar, poderia bem ter-me tornado um neurótico muito pior do que sou.

Tive crianças em minha escola que mostravam mêdo da água. Aos poucos, gradualmente, todos dominaram seus mêdos e tornaram-se bons nadadores.

Assim, pais, não façam sugestões, não forcem, e, acima de tudo, nada de gritar, chamando-o covarde.

Por que algumás crianças são tímidas e medrosas — quase desde que nasceram, ao que parece?

Não tenho idéia. Já que o estudo da Psicologia mal começa a se desenvolver, simplesmente não sabemos muito sôbre a personalidade humana. Numa mesma família uma criança é extrovertida e a outra introvertida. Por quê? Pouco ou nada sabemos sôbre influência pré-natal.

Talvez uma criança tímida seja conseqüência de um estágio de ansiedade enquanto a mãe passava pelo período de gestação. Mesmo que essa suposição ficasse estabelecida como fato, como poderíamos evitar que uma criança nascesse tímida? Quem sabe se ruídos fortes afetam a criança no útero? Quem sabe se uma criança é medrosa porque a mãe não queria tê-la? Nada posso oferecer para responder a sua pergunta.

GAGUEIRA

Meu filho gagueja. Nem eu nem meu marido compreendemos por quê. Compreenderá o senhor?

Não. Só posso imaginar que êle está tentando disfarçar sua personalidade, pois jamais tive um aluno gago que gaguejasse quando representando uma peça onde êle tomava personalidade diferente.

Não tenho idéia de como se pode curar a gagueira, mas acredito que um ortofonista possa ajudar.

PSICOTERAPIA

As crianças devem passar pela psicoterapia?

Essa é uma questão sôbre a qual as autoridades divergem completamente. Aqui vai minha opinião, valha ela o que valer.

Durante muitos anos usei análise com crianças. Mais tarde comecei a ter dúvidas de que êsse processo fôsse necessário à psicoterapia. Criança alguma faz isso. Não quer isso dizer que as crianças de que tratei nada obtivessem da análise, porque obtiveram. Tôdas as criaturas, sejam velhas ou môças, gostam de ter alguém com quem falar de si próprias.

Ouvir uma criança perturbada é um ato de amor. Essa pode ser a razão pela qual grande parte da terapia é coroada de êxito. Eu costumava cogitar na razão de um homem ser analisado por um freudiano, outro por um junguiano, outro por um adleriano, e todos êles, cada um dêles, conseguiram melhoras. Era o sentimento que cada um alimentava de que o terapista lhes estava dando o amor que haviam procurado em seu próprio pai ou mãe?

Duvido que pôr a descoberto lembranças infantis seja tão importante quanto os analistas declaram ser. Certamente, tornar a pessoa consciente das causas do complexo não consegue, em si mesmo, curar êsse complexo. Se trazer à tona lembranças infantis produz mais ou menos a mesma reação emocional que teve lugar no trauma originário, então, naturalmente, a revelação pode efetuar a cura. Mas, com demasiada freqüência, uma explicação apenas modifica os sintomas. Um homem pode sofrer de dores de cabeça porque o pai sempre lhe batia na cabeça. Torná-lo consciente da origem de suas dores pode deslocar sua queixa para o lumbago.

Há milhares de psicoterapistas em clínicas particulares, tratando, em sua maior parte, pessoas que podem gastar tempo e dinheiro. Se cada terapista do mundo nada mais fizesse senão educar os pais sôbre psicologia infantil, dizendo-lhes, preliminarmente, o que *não* fazer com as crianças, pouca necessidade haveria de terapia adulta de qualquer espécie. Quantos psicanalistas disseram: "Remendar adultos não é o bastante. Eu dedicarei minha vida à profilaxia, e começarei pelas mães e pelos bebês."

Voltando à pergunta: Hoje em dia acredito em liberdade. Liberdade funciona em quase todos os casos, embora não seja inteiramente terapêutica com as crianças que sofrem de carência de amor desde bebês.

Mas não me peça para explicar, precisamente, como a liberdade funciona para curar, porque realmente não sei. Em Summerhill, certa ocasião, recebi uma mocinha de catorze anos, que tentara, mais de uma vez, suicidar-se. Veio ter conosco trazendo fisionomia dura, voz amarga, olhar desconfiado. Em nossas assembléias de autogovêrno ela sempre votava pela exoneração dos que cometiam transgressões anti-sociais. Depois de dois anos em Summerhill ela andava por ali com o corpo relaxado e um rosto feliz. Exatamente por que, não sei dizer. Só posso sugerir que quando uma criança está num ambiente aprovador, sem que ninguém lhe diga como deve comportar-se e como viver, o bom lado automàticamente se faz presente. Eu poderia citar muitos outros exemplos de resultado idêntico.

Mantém-se liberdade não através de conversa, mas de ação.

A melhor maneira de curar um menino que deseja quebrar vidraças é rir e ajudá-lo a quebrá-las. Não é fácil admitir isso, se os pais são pobres. Tive de ficar observando um adolescente estragar meu precioso tôrno mecânico, sabendo que, se interferisse, êle me identificaria com o pai que era militar e jamais permitira sua entrada na oficina que possuía.

Estar do lado da criança é a melhor terapia. Confesso minha ignorância quanto às clínicas infantis que fazem milagres com terapia lúdica, mas não posso ver propósito na exigência de Melanie Klein, que diz haver necessidade de analisar tôdas as crianças aos quatro anos de idade.

Uma criança criada em liberdade não exigirá análise alguma.

> Sou um professor jovem numa escola elementar de Kansas. Estou, presentemente, fazendo análises. Eu ajudaria minha classe, psicològicamente, se lhes dissesse qual o simbolismo de suas histórias e desenhos?

Minha resposta é um grande "Nunca!" Conheço, por minha própria experiência, a tentação do professor jovem para fazer experiências com o pouco que sabe.

Há cinqüenta anos li um livro sôbre hipnotismo e pensei que deveria tentar algo no assunto. Hipnotizei uma jovem. Adormecida por mim, eu lhe disse: "Dentro de dois minutos você acordará e me perguntará quanto paguei pelas minhas botas."

Dentro de dois minutos ela acordou, com ar bastante confuso. "Lamento" — disse ela — "penso que adormeci."

Ficou silenciosa durante um pequeno espaço de tempo. "Oh! Deus!" — exclamou, de repente — "quando fui à cidade, esta manhã, esqueci inteiramente da aspirina da mamãe. E estive em Boots"(*) — Boots é uma grande drogaria de Londres.

Então, os olhos dela vagaram até meus pés e se fixaram em meu calçado. "Tenho pensado, às vêzes, onde o senhor consegue

(*) Há, aqui, a sugestão da palavra Boots, que significa, em inglês, botas.

essas botas de bico largo" — disse. "Quanto pagou por elas? Fiquei eufórico com o sucesso.

Da próxima vez que a adormeci, disse-lhe: "Multiplique 3.576.865 por 568." Ela acordou com um aspecto terrível. "Oh! Deus! Que dor de cabeça infernal!" — disse ela. Depois disso, jamais tentei hipnotizar alguém.

Uma menina pinta uma paisagem, em classe. Duas árvores altas, separadas uma da outra — um pinheiro, símbolo do pai, a outra um castanheiro copado, símbolo da mãe. Desolada, no centro, uma árvore raquítica — a menina. O desenho simboliza a situação da menina: pais que deixaram de amar-se, pais infelizes que não lhe podem dar amor suficiente. Mas que adianta dar essa explicação à criança? Não ajudará. Pior, pode mesmo matar seu interêsse pela Arte.

Bem, não estou querendo dizer que se um analista dissesse a Picasso qual o simbolismo de seus quadros êle deixaria de pintar, porque a Arte está enraizada nêle. Mas isso não se aplica a tôda gente.

Há cinqüenta anos conheci um colega de estudos que era muito bom pugilista. Quando ia lutar, à noite, eu sempre tinha que acompanhá-lo, porque êle tinha mêdo de andar pelas ruas de Londres a altas horas. Foi a um psicanalista. Como pugilista tinha um grave defeito, e era consciente disso — sempre deixava tombar as mãos. Mencionou êsse hábito ao médico. O médico explicou-lhe que, inconscientemente, êle estava, na verdade, tentando proteger seus órgãos sexuais... o velho complexo de castração. O rapaz nunca mais lutou.

Uma das minhas pequenas alunas escreveu uma história a respeito de um pai, uma bruxa má (a mãe) e uma bela e jovem princesa (ela própria). O pai casava-se com a princesa — trama de Édipo, e das melhores. Como ousaria o senhor adiantar-se e interpretar essa história para uma meninazinha? Seria vergonhoso.

A velha falsidade ainda se mantém dizendo que um complexo tornado consciente pela explicação de sua origem está curado. *Não é verdade.* Sou contra isso de se explicar às crianças o simbolismo de seja o que fôr que elas façam ou digam. A interpretação do simbolismo é sempre arbitrária. Uma cobra é símbolo de pênis?... Um touro é o pai?... Uma gravata será um símbolo fálico? Quem pode ter certeza? Carl Jung declarou que a lâmpada de Aladim era fálica, porque um homem precisava apenas esfregá-la para obter tôdas as alegrias do mundo.

Fiz curta análise com Wilhelm Stekel, uma das maiores autoridades em simbolismo. Sua análise dos sonhos era fascinante, mas quanto, realmente, auxiliava os pacientes?

Stekel costumava contar sôbre uma festa a que estivera presente no estúdio de um artista. A conversa voltou-se para o simbolismo. Stekel deu sua contribuição, mas o anfitrião não a quis aceitar. "Tolice, Stekel, não posso aceitar uma só palavra disso." O artista apontou para um quadro na parede. "Você quer dizer que há simbolismo naquela natureza-morta?"

Stekel colocou os óculos. "Sim, há."

"Que espécie de simbolismo?"

"Ah! – disse Stekel – eu não o poderia dizer em público."

"Tolice" – exclamou o artista. "Somos todos amigos aqui. Vamos, diga!"

"Está bem. Quando você pintou êsse quadro, tinha seduzido uma criadinha que engravidara. Estavam ambos procurando alguém que provocasse o abôrto."

O artista empalideceu. "Meu Deus!" – exclamou. Aquêle grande simbolista desvendara uma verdade.

Perguntei a Stekel como chegara àquela conclusão.

"O quadro mostrava uma mesa de jantar. Uma garrafa de vinho havia derramado – o sangue – o abôrto. Uma salsicha, num prato, parecia-se exatamente com um feto." Como descobriu a presença da criadinha não me posso recordar.

Interpretar simbolismo é como interpretar palavras cruzadas: um brinquedo agradável. Estou certo de que raramente as interpretações agradam ao paciente. Dizem-me que hoje em dia os analistas não interpretam sonhos – o que Sigmund Freud chamava o caminho real para o inconsciente.

Seja como fôr, um professor jamais deve tocar em símbolos. Antes de mais nada, carece de treinamento profissional. Se um professor vai usar psicologia, deveria usá-la em ação e não em palavras. Abraçar uma criança fará mais pelo jovem do que interpretar seus sonhos.

Não estou dizendo que professôres não devam estudar Psicologia. São demasiado poucos os que o fazem. Professôres parecem esquivar-se de tudo que se relacione com as emoções, e Psicologia é, antes de mais nada, o estudo das emoções.

Atividade criadora é bom meio de tratamento para um jovem neurótico? Quero dizer, música, pintura, e, especialmente, dança?

Há mais de quarenta anos, quando eu era professor em uma escola de Dresden, Alemanha, tínhamos uma divisão dedicada apenas à eurritmia e à dança, para meninas de dezesseis anos para cima. Muitas vêzes tínhamos uma noitada de danças de solistas. Mas me chamou a atenção o fato de muitas meninas escolherem a *Totendanz*, e comecei a cogitar por que as meninas, que expressavam suas emoções durante todo o dia, em movimento, escolhiam uma *Dança da Morte*. Essa experiência matou a crença que eu mantivera anteriormente, de que o movimento era benéfico.

Não, não acho que a dança, ou a música, sejam benéficas em si próprias. Fico a pensar em até que ponto são livres de tensão as môças que tomam parte no côro de uma ópera ou estudam numa escola de arte ou de música. Devemos recordar que não há verdadeira liberdade na maioria das escolas de música, arte, ou dança. As môças estão sob estrita disciplina, nessas escolas. Imagino que as maravilhosas dançarinas russas devem ser exercitadas como soldados. Talvez os menos disciplinados sejam os estudantes de Arte, que ficam de pé, pintando.

Se receberem liberdade para viver, tôdas as crianças se beneficiarão do movimento e do ritmo. Durante anos tenho visto crianças aprendendo a dançar — não através de lições de *fox-trot*, tango ou *twist* — mas de expressão livre, inventando à proporção que dançam. A maior parte dos meus alunos dança como o fazem os negros — sem tensão alguma, inventando, mantendo ritmo. Assim, tenhamos tudo quanto pudermos dar às crianças em dança e música, mas sem exercitá-las, sem disciplina e sem formalidade.

E teatro? Qual é a libertação advinda do fato de representar um papel? Bem, o teatro tem um resultado surpreendente. Tenho tido, com freqüência, em minha escola, alunos gagos. Contudo, de cada vez que um gago tinha um papel a representar numa peça, pronunciava bem e falava fluentemente. Suponho que a razão disso está no fato de êle assumir outra personalidade, o que faz dêle uma criança normal.

Isso sugere que o ator é uma pessoa que foge de sua verdadeira personalidade. E por que não? Todos nós não nos evadimos, perdendo-nos numa peça, lendo um romance, ou vivendo através de comportamento fraccionado, todos temos nossos complexos.

Temos a possibilidade de pensar por compartimentos. Aprovamos uma lei que mantém a pena de enforcamento, e no domingo próximo vamos à Comunhão. Todos somos culpados dessa espécie de comportamento fraccionado, todos temos nossos complexos. Fiquei encantado com a leitura de um livro de Erich Fromm em que êle diz que Freud precisava estar na estação uma hora antes do horário de seu trem, de cada vez que aquêle grande homem precisava viajar.

Não tenho grande entusiasmo pelas peças escolares: pouca moral, histórias sentimentais de anjos com as asas características, ou fadas-madrinhas. E mantenho pontos de vista fortemente contrários à representação de peças de Shakespeare por crianças. Elas não entendem Shakespeare, eis tudo, e representar suas peças não passa de pretensão.

Em Summerhill, os meninos e meninas escrevem suas próprias peças, fazem os trajes, constroem os cenários, e representam. Porém, a representação mais excitante da escola é a que vem, espontânea, nas noites de domingo. Essa espécie de representação pode ser feita em qualquer escola. Eu começo com situações simples. Sugiro algo assim: "*Colha flôres; faça andar um carro-de-mão pesado; seja um cego atravessando uma estrada.*" E continuo a falar: "*Pergunte o caminho a um policial; telefone para um médico e fale com um açougueiro porque a ligação saiu errada.*" Um dos rapazes saiu-se dessa mantendo uma confusa conversação a respeito de fígado.

Talvez a diversão e o espírito demonstrado sejam tão valiosos para as crianças quanto a representação. O resultado dessa espécie de ação é a completa ausência de nervosismo. A criança não tem um texto decorado, que teme esquecer. Mas imagino que essa espécie de noitada dê resultado quando as crianças são livres. Alguns professôres de escolas públicas dizem-me ser difícil conseguir que os alunos percam a inibição pessoal e repilam o receio de insucesso.

Sim, representar sob o estímulo do momento é muito divertido. E eu imagino que o simples divertimento produz mais desafôgo da tensão do que o formal treinamento para a dança.

INTROVERSÃO

Frankie tem onze anos. Lê todo o tempo. Fica dentro de casa e sua pele está lívida. Não sai a brincar com os outros meninos. Meu marido aplaude seus interêsses intelectuais, mas eu acho que o menino se está tornando um recluso. Que posso fazer no que se refere a meu marido e ao menino?

Frankie parece estar entre dois fogos. Para que lado pende êle? Aparentemente, para o do pai. Não sei se seu marido é ambicioso com exagêro pelo rapaz, se é homem que pensa vê-lo prejudicado pelo resto da vida se não receber instrução, e está, portanto, determinado a que o filho não sofra de tal carência. Tudo quanto sei é que mandar que um menino introvertido seja um extrovertido e saia a brincar e a entrar em jogos é um êrro grande. Se o garôto é encorajado pelo pai antes a ler do que a agir, não posso ver onde está a solução.

Há alguns anos, o filho de um professor freqüentou Summerhill. A mãe escreveu-me dizendo que se sentia alarmada porque o menino passava os dias e as noites lendo Platão e Plutarco. Estêve conosco em Summerhill durante alguns anos e a única literatura que jamais vi em suas mãos foi história em quadrinhos. Hoje é um bom cientista.

Aconselho-a a nada fazer. A despeito da persuasão paterna, seu filho Frankie poderá vir a ser, um dia, o Campeão dos Jogos Abertos de Gôlfe.

Uma Palavra Final

Estou em meu último ano de colégio. Desejo abrir uma escola nos moldes de Summerhill. Tem algum conselho a dar-me?

Apenas o conselho de Punch(*) aos que estão para se casar: *Não faça isso!* A não ser que o senhor esteja preparado para atravessar uma pletora de dificuldades, e tenha coragem para passar por sôbre elas, não abra uma escola.

Há algumas pessoas abrindo escolas nos moldes de Summerhill tentando iniciar do ponto em que Summerhill está hoje, esquecendo-se que temos quarenta e cinco anos de tentativas e erros. Tivemos de descobrir lentamente o que podíamos fazer e o que não podíamos fazer. Qualquer nova escola em moldes de liberdade terá que enfrentar o fato de que os primeiros alunos que lhe enviarem provàvelmente serão crianças-problemas que o lar e a escola não conseguiram manejar. Mesmo hoje, durante um período em que Summerhill não solicita crianças-problemas, é grande demais o número de alunos novos que respondem a essa classificação. Os pais, habitualmente, não nos contam a história tôda, temendo, sem dúvida, que nos possamos recusar a aceitar os filhos. *"Meu filho não é um problema: apenas não gosta da escola em que está."* Dentro de duas semanas descobrimos que Willie é um ladrão ou um brutal. Não o mandamos de volta à casa, naturalmente, uma vez que já está na escola, e assim teremos de suportar Willie até que êle se torne humanizado.

O senhor terá pais que acreditam em liberdade — mas só intelectualmente. Inconscientemente, estarão trabalhando contra a influência da escola. O senhor será obrigado a tratar com pais que se tornam ciumentos quando compreendem que o filho se sente mais feliz na escola do que parecia ser no lar.

(*) Punch é um tipo principal em espetáculos de fantoches, pequeno corcunda, de nariz em gancho. Há, na Inglaterra, um magazine célebre, com êsse nome.

Em alguns Estados irá, provàvelmente, encontrar dificuldades com os beatos e os puritanos do sexo, e com os que odeiam o corpo. Em outras localidades poderá encontrar alguma autoridade que lhe proíba abrir uma escola radical, sob o pretexto de que as instalações não são adequadas.

O senhor precisará de dinheiro. Quando eu trouxe minha escola para a minha pátria, vindo da Áustria, em 1924, tinha apenas cinco alunos, dos quais três pagavam meia anuidade e os outros dois nada pagavam. Contudo, estávamos situados numa estação balneária, e, transformando a escola em pensão durante as férias de verão, conseguimos lutar contra a maré. Mas me recordo de ter olhado para uma vitrina, cogitando em quando me seria possível comprar uma pá.

Receba adiantadas as anuidades, quando não tombará na desgraça de perder muito dinheiro através de contas não-pagas. Mas, ai de mim, o senhor será um tolo, como eu sempre fui, e manterá os filhos dos que não pagam, simplesmente porque gosta dos garotos.

Acima de tudo, não ouse transigir em coisas essenciais, quando não sua escola está fadada ao insucesso. Liberdade é TUDO OU NADA. Impossível ter liberdade e orientação ao mesmo tempo — portanto nunca dê aos seus auxiliares o nome de *conselheiros.*

Um livro recente, *Crime, Punishment, and Cure,* de Sington e Playfair, é um levantamento do crime e de suas causas. Livro brilhante, imparcial e vanguardeiro, êsse tratado deve levar todo leitor a meditar sôbre os valores da educação.

Jamais recomendo livros de Psicologia Experimental, assunto que parece figurar com preeminência no ensino universitário, pois não posso compreender o que tem a ver com crianças o estudo do que ratos farão em determinadas circunstâncias. Condicione ratos e êles agirão de maneira anormal, concordo. Mas já sabemos que crianças, quando condicionadas, cessarão de ser crianças naturais. Eu preferiria que o estudo dos ratos cedesse lugar ao estudo dos elementos prejudiciais na educação da criança.

Eu próprio jamais nomeei um professor pela fôrça de sua graduação escolar, porque tal condição não me convence que o homem conheça, automàticamente, o suficiente sôbre a natureza da criança. Em lugar de um curso de Psicologia Experimental, eu preferiria que o professor em perspectiva lesse o livro de Homer Lane,

Talk to Parents and Teachers, e o livro de David Will, *Throw Away the Rod.*

Para mim, muitos livros sôbre Educação e Psicologia se mostram pesados no estilo e assustadoramente prolixos. Por que muitos eruditos evitam a simplicidade? Onde um homem educado escreveria uma carta ao jornal queixando-se de que seu sono foi perturbado por um concêrto de gatos na cêrca dos fundos de sua casa, um professor pedante poderia escrever protestando contra um encadeamento de sons roucos emanado por felinos perambulando pela noite.

Veja, também, que o senhor esteja oficialmente qualificado. Deve conhecer os assuntos e saber como ensiná-los. Ser bom na sala de aula não é o bastante. O senhor precisa ser competente. Ainda mais, se deseja tratar com crianças, deve entrincheirar-se contra os podêres existentes. Eu detestava anglo-saxão, mas sabia que sem êle não poderia alcançar meu diploma com distinção. Nunca uso essa honraria; ela, porém, me protege. Não há autoridade que possa adiantar-se e dizer: "O senhor não está qualificado para ser professor." Os exames aí estão. Se tem peito, enfrente-os sem se deter.

Guarde suas opiniões para si próprio. Conheci jovens comunistas, em fábricas, que proclamavam suas tendências políticas do alto do telhado. Foram dispensados – não, naturalmente, devido às suas tendências políticas – Oh! Não! – mas a firma estava apenas reduzindo as despesas. Se o senhor sair por aí dizendo que é ateu, ou reformador de sexo, correrá perigo. Espere até estar estabelecido, e então poderá dizer o que quiser.

Sem dúvida alguma o senhor está consciente de que uns poucos homens, homens não mais sensatos do que nós, têm o poder de apertar o botão que fará detonar a bomba H. Ainda assim, todos nós, acostumados a ser controlados desde a mais tenra infância, ficamos tranqüilamente sensatos, e nada fazemos contra essa horrível situação. Nosso treinamento, também, refreia a grande maioria, entre nós, de trovejar nossa indignação contra o bárbaro código criminal, e o estúpido ensino que chamamos educação, e o gasto de milhões em armas, num mundo onde a maioria é subalimentada. O senhor está, como eu disse, sem dúvida alguma consciente da espécie de mundo em que vivemos, mas se quer iniciar uma escola radical terá bastante com que se haver; portanto, não proclame sua tendência iconoclasta a respeito seja do que fôr. Não lhe estou pedindo que seja insincero, apenas que se guarde contra esta nossa sociedade em que impera a religião oficial.

Estude psicologia infantil, mas não siga autoridade alguma. Se fôr prudente e solene, não abra escola alguma. Uma vez eu disse a uma menina de catorze anos que estava fazendo uma caixa: "Você está usando pregos demais." Ela olhou-me com raiva, e imediatamente, ali mesmo, vi que a tinha perdido, pois durante tôda sua vida sua gente tinha estado dizendo o que ela não devia fazer. Depois daquilo, a seus olhos, eu era a figura da autoridade. A única boa maneira de aprender psicologia infantil é através da experiência, e não através da leitura de livros.

Outro aviso: todo jovem que trata com mocinhas deve estar de sobreaviso com adolescentes neuróticas, tendentes à projeção. Dar pancadinhas afetuosas na cabeça de uma mocinha sexualmente perturbada pode levá-la a fantasiar que o senhor lhe está fazendo avanços sexuais. Nos dias em que eu lidava quase exclusivamente com crianças-problemas sempre mantinha contacto com o psiquiatra que havia mandado a mocinha para mim, quando via sinais de que ela poderia projetar em mim seus complexos de sexo.

Se o senhor pretende dirigir uma escola, o melhor seria casar-se primeiro. Um professor que não tem vida sexual está sempre em perigo de conceber inconsciente fixação sôbre uma bonita menina de quinze anos. Essa declaração que faço serve para professôres de ambos os sexos.

Acima de tudo, compreenda que as crianças são as mesmas ao redor do mundo. Tôdas elas procuram felicidade, liberdade, amor. E desejam brincar, brincar e brincar. Ainda assim, estão ávidas por aprender as coisas que lhes interessam.

E não faça muitos planos. Esteja disposto a fazer as modificações que a evidência apontar. Organização ossificada é a morte para o pioneirismo.

E isso me faz lembrar a história do jovem diabo que um dia, no inferno, correu para seu senhor, em grande perturbação.

"Mestre! Mestre! Algo horrível aconteceu: na Terra descobriram a verdade!"

O diabo sorriu: "Está certo, rapaz. Mandarei alguém à Terra para organizar a verdade."

RENOVA GRAF
www.renovagraf.com.br